[編]
佐藤響子
Carl McGary
加藤千博

大学英語教育の質的転換
「学ぶ」場から「使う」場へ

春風社

大学英語教育の質的転換
―― 「学ぶ」場から「使う」場へ ――

目次

まえがき　5

第Ⅰ部　横浜市立大学の初年次教育　9

第1章　共通教養教育概要　　　　　　　　　　　　　　佐藤響子　10

第Ⅱ部　Practical Englishへの挑戦　17

第2章　Practical English概要――理念・カリキュラム・運営――
　　　　　　　　　　　　　　　　　　　　Carl McGary・加藤千博　18
第3章　Practical Englishクラス　　　　　　　　　Carl McGary　28
第4章　eラーニング　　　　　　　　　　　　　　　　加藤千博　53
第5章　スピーキング・テスト　　　　　　　　　　五十嵐陽子　60
第6章　多読活動　　　　　　　　　　　　　　　　長島ゆずこ　69
第7章　反転授業　　　　　　　　　　　　　　　　長島ゆずこ　78

第Ⅲ部　Practical Englishセンターの活動　83

第8章　コミュニケーション・アワー　　　　　　　　大橋弘顕　84
第9章　ライティング・センター　　　　　　　Brennen L. Terrill　93
第10章　教員研修　　　　　　　　　　　　　　　　　加藤千博　99
第11章　現職教員から見たPE授業への評価　　　　　　小出文則　106
第12章　実用的看護英語教育プログラム　　　　　　　落合亮太　109

第Ⅳ部　TOEFL 500点取得、その後の教育　115

第13章　Advanced Practical English
　　　　　　　　　　　　　　Carl McGary・加藤千博・大橋弘顕　116
第14章　英語によるディスカッション中心のアクティブ・ラーニング
　　　　　　　　　　　　　　　　　　　　　　　　　嶋内佐絵　127

第 15 章　英語の教え方を英語で学ぶ！　　　　　　　　　土屋慶子　143
第 16 章　CLIL を採り入れた専門科目　　　　　　　　　加藤千博　154
第 17 章　社会言語学で行うリサーチ・プロジェクト　　　佐藤響子　164
第 18 章　初習外国語──複数の言語・文化を学ぶこと──
　　　　　　　　　　　　　　　　　　　　　　　　　　平松尚子　175

第 V 部　成果と今後の展望　183

第 19 章　Practical English プログラムの成果　Carl McGary・加藤千博　184
第 20 章　課題と展望　　　　　　　　　　　　Carl McGary・加藤千博　196

〜〜〜学生・卒業生の声〜〜〜　207

ライティング・センターを活用し最優秀弁論者へ　　　　浦山太陽
私の学びを支える APE とドイツ語　　　　　　　　　　足沢優佳
フランス語とともにあった 4 年間　　　　　　　　　　　酒井希望
大学での英語学習と教員への道　　　　　　　　　　　　船橋美紗子
English Learning Experiences at YCU　　　　　　　　　杉山健太郎

あとがき　　215
執筆者一覧　216

まえがき

　教育問題は、誰もが自分自身の経験にひきつけて語ることのできる問題であり、自分自身の受けてきた教育を軸にその賛否が論じられる傾向にあります。こと外国語教育に関しては、「実際に通じた」「使えなかった」など、その成果が見えやすいために、一層人々の関心を掻き立てます。「グローバル化時代に英語は必須」言説と「日本人は英語が苦手」言説が冷静な現状分析を経ずに政策に取り入れられた結果、外国語教育とりわけ英語教育は前進するどころかむしろ混迷を極めている状態です。

　本書は、このような混迷の時代に大学が抱えている英語教育の在り方の問題、さらには英語教育と専門教育との架橋などについて外国語専科があるわけではない総合大学の横浜市立大学がどのように取り組んできたかを紹介します。公立大学法人横浜市立大学がコミュニュカティブでありつつ、学士としてふさわしい内容を伴った言語能力を育成するために行ってきた挑戦の記録であり、「使える英語」とは何かを真摯に問うてきたその成果でもあります。オールイングリッシュ、コミュニカティブな英語教育の必要性、専門教育の英語化の要請がある昨今、授業の実践方法を模索している高等学校、大学の英語教育に携わる者、英語の勉強方法に悩む高校生、大学生にとって、総合的な語学力をつける有効な授業方法ならびに勉強方法を提供できれば幸いです。

　「使える英語」という題目に押されて TOEFL、TOEIC 等のスコアを使った単位取得要件を課す大学が増えています。そうなると、授業内容が試験で高得点を獲得するためのテクニックに心を奪われた資格試験対策となりがちです。それが果たして本当の実力をつけるための教育といえるのでしょうか。横浜市立大学では英語の単位取得要件として TOEFL-ITP 500 点相当（TOEFL-iBT では 61 点）を課しています。しかし、TOEFL-ITP 500 点はあくまでもスタート地点でありゴールではない、と考えています。テクニックに頼ったスコア取得ではなく、内実の伴った力をつけるための教育プログラムを、試行錯誤を重ねながら構築してきました。以下に本書の概要を説明します。

第Ⅰ部「横浜市立大学の初年次教育」では、外国語教育の土台であり器となっている横浜市立大学の初年次教育である共通教養教育の概要を紹介します。第Ⅱ部以降で紹介する教育体制が可能となっている背景知識として読んでいただければと思います。また、日本語でのコミュニケーションスキルを養い、人と協調して作業を行える素地を作る仕掛けの紹介としても読んでいただける内容となっています。

　第Ⅱ部「Practical Englishへの挑戦」は横浜市立大学で行われている英語教育の軸となっているPractical English（PE）についての紹介となっています。第2章の英語教育の理念から始まり、第3章で授業概要を紹介し、続いて第4章から第7章では特徴的な取り組みを紹介しています。2005年度から始まった英語教育は総合大学である横浜市立大学の全学生がTOEFL-ITP 500点相当の実力をつけることを必須としています。しかし、その授業方法は試験対策ではありません。入学以前から持っている英語力の基礎を最大限に活性化し、更に伸ばして使える英語力を身につける内容となっています。「学ぶ英語」から「使える英語」へのパラダイムシフトです。「使える英語」というと挨拶や旅行のための英語なのではと誤解されがちですが、そうではありません。その目標は英語で学問ができるスタート地点に立つことです。授業は全て英語で行われます。リーディングやグラマーの授業も全て英語で行われ、授業内では教員が話す時間よりも学生が話す時間がなるべく多くなるように工夫が凝らされています。昨今中学校・高等学校でも取り入れられることのある多読も、少しの工夫で能動的活動へと変わりえます。オールイングリッシュの授業スタイルを取り入れるための参考として読んでいただけることと思います。

　第Ⅲ部「Practical Englishセンターの活動」では、第Ⅱ部で紹介した英語教育を支えているPractical Englishセンターの活動内容を紹介しています。Practical Englishは授業だけで完結するものではありません。学生の授業内外での積極的な英語学習をセンターがサポートすることによって、学生の実力を更に確実なものにしていきます。第8章で紹介する「コミュニケーション・アワー」は、学生が英語で「対話」をする場を提供するだけではなく、人と人をつなぐ場所として有意義な場になっていることが紹介されています。第9章「ライティング・センター」からは、センターの仕事が語彙や文法チェックをする場ではなく、思考力を鍛える場として力を発揮していることがわかります。第10章「教員研修」と第11章「現職教員から見たPE授業への

評価」では、教育プログラムの充実が横浜市の中学校・高等学校の教員研修に活かされること、さらに、教員研修は大学教員にとっても学びの場となりえることが示されています。中・高・大の連携がよりよい教育へとつながる可能性も示唆されています。また、第10章ではPEの授業が教員志望の学生たちの研修の場として機能していることが紹介されています。第12章「実用的看護英語教育プログラム」では、看護教育と英語教育の連携の1つの在り方が示されています。センターは潤沢な資金で運営されているわけではありません。学生と教員による少しずつの工夫の上に成り立っています。善意を搾取することが良いわけはありません。しかし、教員のほんの少しの手助けが学生の力を伸ばすチャンスとなることが伝わればと思います。

　第Ⅳ部「TOEFL 500点取得、その後の教育」は、Practical Englishで培った英語力と第Ⅰ部で紹介した共通教養教育の中で養われる発信力や協調性を活かして行われている授業実践例の紹介となっています。第Ⅰ部で述べるように、Practical Englishはスタートであってゴールではありません。TOEFL 500点相当の実力をつけた学生たちにその後どのような勉強のチャンスが与えられているのかを紹介しています。第13章はPractical Englishの単位取得後、更なる英語力向上を目指して行われているAdvanced Practical Englishの紹介です。目的別に複数のクラスが提供されている様子、Practical Englishプログラムの定着とともに学生の実力が向上するのに合わせて本科目も成長していく様子も紹介されています。第14章から17章で紹介している実践例は、大学での講義を英語で行うための参考例となっています。第14章、第17章で紹介している授業方法は、語学教員ではなくても十分に応用可能な内容となっています。第Ⅳ部最後の第18章は、複言語主義時代における外国語教育とりわけ第3番目の言語を学ぶ意義と教育内容の紹介となっています。

　第Ⅴ部「成果と今後の展望」では、第19章で教育成果をPractical Englishの単位取得状況と本学の教育を活用した学生の活躍の事例という視点からご紹介します。第20章では、今後の課題と展望を教育内容と体制の両面から取り上げます。

　最後に現役の学生と卒業生による体験談を紹介しました。横浜市立大学の学びは、語学と専門の勉強が別々に存在していません。基礎的な語学力をつけた上で、専門での学びを行います。専門性と語学力を有機的に結び付けていきます。時には海外に出てみます。海外での体験を活かして更に自分の人生を見つめ直すこともあります。本書でご紹介する教育を受けているあるい

は受けた五者五様の学びの姿がそこにあります。

　グローバル化時代を英語と一直線に結び付ける言説がある一方、「複文化主義・複言語主義」という言葉も頻繁に聞かれるようになりました。1つの社会の中に複数の言語がバラバラに存在している状況を指す多言語主義とは異なり、複言語主義とは、個人個人が複数の言語に開かれた態度を持つことを指しています。人とモノの行き来が頻繁になったグローバル化時代の教育はむしろ複文化主義あるいは複言語主義という考え方から学ぶべきことが多いように思われます。英語を一生懸命に勉強することで見える世界があります。英語と母語とを相対化し自言語、自文化を見つめ直すことができます。さらに第3、第4の言語を加えることで広がる世界もあります。語学を「学ぶ」ものから「使う」ものへと転換することで、専門教育に広がりが出てきます。それは思考の柔軟性と豊かさを提供してくれることになります。この点に関して、横浜市立大学の教育は十分とはいえません。まだまだ模索の続く日々ではありますが、本書を世に出すことをきっかけに、次の段階へと飛躍していきたいと考えています。

　尚、本書の作成にあたり、執筆者の方々には2017年10月に脱稿をしていただいておりますが、その後の出版に至るまでに1年以上の時間を要してしまいました。できる限り、新しい情報を追記しましたが、原稿中に古い情報も混在しております。ご容赦ください。

2018年12月

　　　　　　　　　　　　　　　　　　　　　　　　　　　　　佐藤　響子

第Ⅰ部

横浜市立大学の初年次教育

第1章 共通教養教育概要

佐藤 響子

1. はじめに

　明治初期に設立された横浜商法学校と横浜市立医学専門学校を合わせて、横浜市立大学は1949年に新制大学として発足した。以来、いくつかの組織改革をしながら開港の地横浜にふさわしい大学として、国際性を学風の1つとして今日に至っている。2005年の独立行政法人化を機に、国際総合科学部[1]と医学部[2]の2学部体制[3]へと変更し、カリキュラム体系も大きく変えた。教育は「総合性の上に築かれる学位の質保証」を目指し、共通教養教育と専門教育の二層から成っている。

2. 共通教養教育の特色

　入学するとまず全学部の学生は、初年次教育として大学での学び方を身につけるための共通教養科目を受講する。課題が与えられるのを待つのではなく、自らの力で的確に問題を把握し、適切に解決できる力を養成することを目指し、問題発見から試行錯誤を経て問題解決へと至るプロセスを積み重ねる。そうすることによって知的な体力をつけ、専門教育の勉強にスムーズに移行できる基礎を築いていく。共通教養科目は以下の3つの科目群から構成されている。

・問題提起科目群
・技法の修得科目群
・専門との連携科目群

　問題提起科目群の中には、特定のテーマについて研究者、実務家を含めた多方面の講師を招いて話を聞き、現代社会に存在する問題の捉え方とそれぞれの問題へのアプローチの仕方を学んでいく総合講義、プレゼンテーションやディスカッションを行いながら現代社会の問題にアプローチしていく英語

で行う多文化交流ゼミ[4]などが用意されている。技法の修得科目群では、考えをカタチにする力を身につける教養ゼミ、外国語科目、学問に必要なICT（Information and Communication Technology）スキルを養成する授業などが用意されている。専門との連携科目群は各分野の入門科目から成っており、専門の基礎を学ぶと同時に自身の専門領域の隣接科目を勉強する機会も用意されている。

3. 共通教養必修 3 科目

　共通教養科目の中でも以下の技法の修得 3 科目は、全学生が履修することを義務付けられている。

・教養ゼミ
・情報コミュニケーション入門
・Practical English（PE）

　教養ゼミは 1 年次前期（4 〜 7 月）で履修する科目で、大学で学ぶために必要な基礎力を身につけることを目的としている。1 クラスは学部混合 30 名程度の学生と分野が異なる 2 名の教員で編成されている。グループワーク、個人研究、口頭発表、レポート執筆の作業を通じて、適切な問の立て方、信頼のおける資料を見つける方法、レジュメやスライドを使った発表の方法、レポートの書き方などを学ぶ。専門が異なる教員 2 名がそれぞれの立場からアドバイスを行うことで、視点は 1 つではなく多角的なアプローチがあることを肌で感じていく。教養ゼミでの学びを通じて、共同作業をすること、指向性の異なる多様な人との接し方といった社会生活の基本を学ぶと同時に、調べもの学習と研究の違い、剽窃をしないこと、正しく引用をすることなどを体得していく。

　情報コミュニケーション入門では、コンピュータや情報ネットワークの用途と動作原理の基礎知識を学ぶとともに、主要アプリケーションソフトを使えるようにする。この科目で得た知識は、同時進行で受講する教養ゼミでの発表ならびにレポート作成といった実践を通じて確実なスキルとなっていく。

　第Ⅱ部以降で詳細を紹介する PE は、大学で知的活動を英語で行える能力

を身につけ、専門分野を学ぶためのスタートを切れるようにすることを目標としている。TOEFL-ITP 500点相当を到達点とし、読む、書く、話す、聞く、という基本的な4つのスキルを身につけるためのカリキュラムが用意されている。

　これらの科目を履修することを通じて、本学の学生は1年次が終了するまでに、程度の差はあるが、次のような学術的スキルを身につけていることが想定される。つまり、大学で学ぶためには教室で受動的に知識を教わる勉強にとどまらず、主体的な問題発見と探索が必要であり、そのためには適切な情報収集をする必要があることを知っており、情報収集、プレゼンテーション、論文執筆に必要なICTスキルを有し、必要な場合にはある程度の英語力を使いこなすことができること、である。

4. 共通教養教育と専門教育の連携

　前述3科目を含めて全ての共通教養科目を全学部の学生が履修できる。様々な学生や異分野の教員と知的な交流の機会を持ち、幅広い知識を学んだ上で専門教育に進む。

　専門教育は、自身が専門とする分野の基本項目を学ぶ基幹科目群、より深い内容を学ぶ展開科目群、専門分野と隣接する分野を学ぶ関連科目群から構成されている。さらには、少人数で行われる専門ゼミならびに卒業論文の作成で4年間の仕上げとなる。

　専門教育を行うことが大学の大きな役割ではあるが、時が経過しても色あせない汎用的な能力を養うことも必須である。ディプロマポリシーには「自ら問題や研究テーマを発見し、必要な情報を収集・選別して、それらを多面的な視点から批判的かつ論理的に分析し、問題を解決する能力を身につけ」、「自らの見解・意見を文章、口頭等で論理的に説明し、異なる意見・見解を持つ他者と生産的なコミュニケーションを行なうことができる」と明記されている。1年次の共通教養教育で開始する問題発見、問題解決能力を専門性を背景に実行できる人材を育てるカリキュラムの構成となっている。専門教育においても教養教育の実践が継続されていることになる。

5. グローバル人材育成という視点から

2012 年に「グローバル人材育成戦略」という審議のまとめが内閣府から発表された。それによると、グローバル人材とは以下の要素を持った人物のことである。

要素Ⅰ：語学力・コミュニケーション能力
要素Ⅱ：主体性・積極性、チャレンジ精神、協調性・柔軟性、責任感・使命感
要素Ⅲ：異文化に対する理解と日本人としてのアイデンティティ

これを受けて、文部科学省は同じく 2012 年に「グローバル人材育成推進事業」に着手し、グローバルに活躍できる人材の育成のために大学教育のグローバル化を目的とした事業に財政支援を行っている。グローバル人材という概念や個々の取り組みには賛否両論があろう。しかし、こういった提言、事業が展開されている社会の中で、横浜市立大学がどのような教育のスタンスをとっているのかを本書の内容と関連した部分に絞って紹介していく。

5.1 コミュニケーション能力

ディプロマポリシーに明記されているように、横浜市立大学の教育はコミュニケーション能力を養うことを重視している。1 年次の教養ゼミに始まり、発言の機会が多い語学教育、学生同士のディスカッションやグループ調査の結果発表を行う専門課程の講義科目などを通じてコミュニケーションの機会に恵まれている。発表やディスカッションを行う科目の受講をなるべく避けている学生もいるかもしれない。しかし、少人数で行うゼミ活動は全員が必須となっている。頻度の差はあれ、人前で話すこと、共同して何かを行うことを避けては通れない。

発表やディスカッションの機会は、いわゆる伝達能力（声の大きさや質、ふるまい方、資料の提示の仕方等）を学ぶだけではない。共同作業を通じてグローバル人材の要素Ⅱに含まれる様々な要素も学んでいく機会となっている。

5.2 語学教育と海外体験

　コミュニケーション能力といった場合、日本語での伝達能力の育成のみならず他言語でコミュニケーションが行えることも必須となろう。国際機関、学問の世界そしてインターネット上でも英語が世界共通語であり、英語を使えることによって可能性が広がり、利便性が増すことは間違いない。横浜市立大学で TOEFL-ITP 500 点を PE の到達目標としているのは、学問なりボランティア活動なり自らの生活の中で英語を活かすためのスタートラインに立ってほしいと考えているからである。専攻する学問によって必要とされる外国語能力は異なる。PE の単位取得後は、それぞれの目的に応じて Advanced Practical English（APE）[5] を履修することができる。

　横浜市立大学では英語に加えて更にもう 1 つの言語を学ぶことを勧め、中国語、韓国・朝鮮語、ドイツ語、フランス語、スペイン語を学習する機会を設けている[6]。1 学期 15 週、週 3 回の授業を 4 学期分積み重ねるプログラムが用意されており、学習後は海外の交流協定締結校でその実力に磨きをかける学生もいる[7]。

　海外に出かける機会としては、短期、長期の留学、語学研修、ゼミあるいは講義単位で実施される海外フィールドワークや調査実習、海外ボランティア活動などがある。また、横浜という地の利を生かして、横浜市で開催される国際イベントへの参加や海外にルーツを持つ人々との交流活動などを行っている。

　このような語学の学習と海外体験を通じてグローバル人材の要素Ⅲが体得できるものと考えられる。

5.3 専門教育

　学士の学位にふさわしい内容を伴ったことばを使えてこそ大学で語学を学ぶ意義がある。英語によって講義される共通教養科目、専門科目の履修等を通じて、内容の伴った英語力を身につけ、国際社会で活躍できる人材の育成を目指している[8]。また、英語の教員免許を取得し教員として活躍する卒業生もいる。英語専科の大学ではないが、PE、APE で鍛えた英語力と英語教授法の実践、さらには学際的な勉強をしたことが強みとなっている[9]。

6. まとめ

　必須 3 科目の履修によって大学で学ぶ基礎力を養い、小規模総合大学のメリットを活かして多様な教員、学生が交流する場を設けながら、本学の教育は行われている。本章は、本書でこれより紹介する教育実践が実行可能となっている背景の理解に資すれば目的を果たしたことになる。

注

1) 国際総合科学部は 2018 年度現在、国際教養学系、国際都市学系、経営科学系、理学系の 4 学系から成る。さらに各学系は専門ごとに以下のようなコースに分かれている。
　　国際教養学系：人間科学コース、社会関係論コース、国際文化コース
　　国際都市学系：まちづくりコース、地域政策コース、グローバル協力コース
　　経営科学系：経営学コース、会計学コース、経済学コース
　　理学系：物質科学コース、生命環境コース、生命医科学コース
2) 医学部は医学科と看護学科の 2 学科から成っている。
3) 2018 年度よりデータサイエンス学部が加わり 3 学部体制となった。2019 年度からは国際総合科学部が 3 学部に再編され、横浜市立大学は、国際教養学部、国際商学部、理学部、医学部、データサイエンス学部の 5 学部体制となる。再編後も本章で紹介している共通教養教育は継続される。
4) 多文化交流ゼミの詳細は第Ⅳ部第 14 章を参照のこと。
5) APE の詳細は第Ⅳ部第 13 章を参照のこと。
6) 英語以外の外国語に関する授業ポリシー、内容は第Ⅳ部第 18 章を参照のこと。
7) 本書 207 〜 214 ページの学生・卒業生の声を参照のこと。
8) 英語による授業実践例は第Ⅳ部第 14 〜 17 章を参照のこと。
9) 英語科教育法の実践は第Ⅳ部第 15 章を、教員として活躍する卒業生の様子は学生・卒業生の声を参照のこと。

参考文献

グローバル人材推進会議（2012）「グローバル人材育成戦略（グローバル人材推進会議審議まとめ）」http://www.kantei.go.jp/jp/singi/global/1206011matome.pdf

藤本夕衣（2017）「グローバル化時代の大学に求められる「教養」とは？」藤本夕衣・古川雄嗣・渡邉浩一編『反「大学改革」論――若手からの問題提起』ナカニシヤ出版 153-170.

第Ⅱ部

Practical English への挑戦

第2章 Practical English 概要
——理念・カリキュラム・運営——

Carl McGary・加藤 千博

1. はじめに

　横浜市立大学は 2005 年の独立行政法人化を機に大きな改革を断行した。その際に、横浜市が有する意義のある大学として「地域への貢献を重視する大学」、教育に重点を置き「プラクティカルなリベラルアーツ教育（実践的な教養教育）を行う国際教養大学」とすることが定められた。この新たな大学像の形成に向けて、英語教育の面でも改革が行われ、コミュニケーション能力の育成を重視し、実用的な英語力の獲得を目的とした教育内容へと転換した。大学英語教育全体がコミュニケーション重視へとシフトしつつあるなか、横浜市立大学ではいち早くその方向に舵を切っている。以下では本学の特色の1つである英語教育プログラムについて紹介していく。

2. PE センターの理念

　日本の英語教育は、「概して役に立たず学習者が英語を使えるようにならない」というふうに誤解されがちである。ところが実際、横浜市立大学に入学する学生のほとんどがある程度までは受動的にではあるが英語を使用することができる[1]。しかしながら、本学には「グローバルな視野を持って活躍できる人材の育成」という大学が掲げるミッションがあり、このような人材には英語を受動的にではなく能動的に使用することが求められる。そこで、このミッションに見合った学生を育て上げるために、全ての学生の英語力を必要最低限のレベルまで引き上げることが本学の課題となった。

　このために Practical English（PE）という科目が設置され、大学レベルのリベラルアーツ教育を英語で学べるレベルにまで学生の英語力を引き伸ばすことがその目的とされた。PE を通じて引き上げられた実践的な英語力を生かして、英語による専門科目や留学など、アカデミックな場での英語使用が本学学生には期待されている。

第 2 章　Practical English 概要

図1　PE はスタートであり、ゴールではない！

　よって、図1にあるように、PE 合格はスタートであって、ゴールではない。ある学生は専門科目を英語で学ぶためにもっと高いレベルの英語力が必要かもしれないし、また別の学生は海外留学するために特別な英語スキルが必要となるかもしれない。横浜市立大学の卒業生の場合、卒業して国際社会で働き始め、何かしらの英語能力を仕事上必要とすることが多い。そのための基礎を PE が養成している。

　2007 年に Practical English センター（PE センター）が創設され、英語教育全般を統括し、全ての学生が PE の単位取得要件[2]を満たせるようにすることを請け負うこととなった。PE センターの理念は、学生に積極的な英語使用を促すことである。学生たちは実践的な英語使用者となるために、英語をアクティブに使用することを教えられる。よって、英語学習との向き合い方は、「学ぶための英語」から「使うための英語」へとシフトし、授業スタイルも受動的で一方通行的なものから、「使う」ことを重視したアクティブで双方向的なものへと変化した。PE センターは授業を、英語を「学ぶ場所」から「使う場所」へと転換させたのである。

　PE センターは、PE の授業をはじめとする大学の英語教育を担うようになってから一貫して次の方針を採っている。

- 明確な目標
- 習熟度別クラス編成（専攻を問わず全学的に）
- 少人数制（1クラス25人以下）
- オールイングリッシュ
- 英語を使うことを重視
- 統一シラバス・統一テキスト
- 教員はTESOL（英語教授法）の専門家

しかしながら、これらの方針が初めから学内で受け入れられた訳ではなく、様々な反発や抵抗を受けながらも、理解を求めて説明を繰り返し、忍耐強く貫いてきた。結果、目に見える成果がはっきりと表れてきた[3]。本書の第Ⅱ部ではPEセンターの提唱する理念のもと、PEプログラムにおいてどのような試みが行われているかを紹介する。

3. PEのカリキュラム

　PEは共通教養科目のなかにある「技法の修得科目群」3科目のうちの1つであり、全学生に必修の科目である。授業はリスニング、リーディング、グラマー（文法）の3つのセクションから成っている。それぞれのセクションが週1回ずつあるため、週に3回の授業を受けることになる。この週3回の授業を半期（15週）間受講し、授業への出席、期末試験、スコアの3つの要件を満たすと3単位が与えられる。国際総合科学部では、この3単位を2年次終了時までに取得することが3年生への進級要件となっている。医学部医学科では、1年次終了時までに取得することが2年生への進級要件となっており、医学部看護学科では卒業時までの取得が義務づけられている。以下では、PEの単位取得に必要な3要件の詳細に加えて、評価方法及びクラス分けの方針を紹介する。

3.1　出席要件

　PE受講学生は週3回あるそれぞれのセクションの授業で80％以上の出席が必要となる。英語が使えるようになるためには練習が欠かせないという理由から、このような出席要件が設けられている。PEでは、学生はアクティ

ブな学習者であることが求められ、英語力向上のために英語を積極的に使用する必要がある。よって出席は不可欠となる。学生は時間通りに授業に来ることも要求され、遅刻3回で欠席1回の扱いとなる。

この厳格な出席要件の方針から期せずして2つの利点が生じている。第一に、PEの授業にきちんと出席するという習慣がそれ以外の授業にも波及している点である。他の授業を担当する教員も、PEセンターの設置以前より現在の方が出席状況は断然良くなっていると感じている。2点目は、時間通りに授業が始まる点である。以前は、PE担当の教員が授業に遅れて行くのは珍しくなかった。というのも学生が来ていないのに授業を始めるのは無意味だったからである。皮肉なことに、それに対する学生側の言い分は、「時間通りに授業が始まらないのに早く行っても仕方がない」である。今では授業は定刻通りに始まり、学生は90分間フルに授業を受け、英語を使う練習をたくさん行っている。授業への出席80％以上に加えて、2017年度よりeラーニングによる学習も出席要件に加えられた。これは通常の授業だけでは補えない学習内容と学習時間を補完するためである[4]。

3.2 期末試験

期末試験はTOEFL-ITPで合格基準は500点である。学生はPEの単位を取得しようとする学期の期末試験を必ず受けなければならない。当たり前のことと思われがちであるが、この規定がないと学生が学期途中で学習をやめてしまう恐れがあるからである。というのも、多くの学生が後述するスコア要件を満たすために外部試験を受験し、学期途中で基準スコアを獲得する。その結果、それ以後の学習へのモチベーションがなくなってしまう。前述した通り、TOEFL-ITP 500点相当は通過点であってゴールではない。学期終了までモチベーションを保ち学習を継続させるために、さらにはPE単位取得後、英語の実力を更に伸ばして各方面で活躍するためにもこの規則を厳しく適用している。

2014年度からはスピーキング・テストが期末試験に加えられ、マークシート方式の試験によるreceptive（受動的）な技能だけでなく、productive（産出的）なアウトプット技能も測るようになった[5]。

3.3 スコア要件

　PE 単位取得のために必要な期末試験のスコアは TOEFL-ITP 500 点以上であるが、期末試験で 500 点以下のスコアの学生でも外部試験で以下のスコアを示すスコアレポートを提出することにより単位が認定される。

　　TOEFL-ITP 500 点
　　TOEFL-PBT 500 点
　　TOEFL-iBT 61 点
　　TOEIC 600 点
　　英検準 1 級
　　IELTS（アカデミックモジュール）5.0（各パート 4.5 以上）

　以上の出席、期末試験、スコアの 3 要件を満たした学生は PE の単位を取得することができる。PE は全学生の必修科目となっており、国際総合科学部生は 2 年次の終わりまでに単位を取得できないと留年し、3 年生に進級することができない。医学科生は、学生の入学時の英語力とその後の専門教育の状況を勘案して、1 年次の終了までに単位を取得しなければならない。初年次に PE の単位を取得できなかった医学科生は留年して 1 年生をやり直すことになる。看護学科生は卒業までに PE の単位を取得する必要がある。こちらも入学時の学生の英語力とその後の専門教育との兼ね合いを考慮した結果定められた要件である。看護学科生は、通常の PE 3 単位の代わりに、Essential Practical English（2 単位）を取得した上で、看護英語（1 単位）を取得するという選択肢もある。Essential PE のスコア要件は TOEFL-ITP 450 点である。PE も「Essential PE ＋看護英語」の要件をも満たせなかった看護学科生は留年して 4 年生を繰り返すことになる[6]。

3.4 評価方法

　前述した通り、学生は PE の単位を取得するためには次の 3 要件を満たさなければならない。

　1）授業の 80％以上に出席し、e ラーニングの課題を完了する
　2）期末試験（TOEFL-ITP とスピーキング・テスト）を受ける
　3）期末試験か外部試験で既定以上のスコアを獲得する

各学期（セメスター）末に、PE センター長は全受講者の出席データとスピーキング・テストのスコアを授業担当教員から受け取る。センター長はネットワーク上から e ラーニングの進捗状況も確認する。期末試験である TOEFL-ITP のスコアは、CIEE（TOEFL テスト日本事務局）から直接センター長に届けられる。各学期末には所定の期間が設けられ、その間に学生は TOEIC や TOEFL-iBT 等の外部試験のスコアを PE センターに提出することができる。

センター長はこれらのデータをもとに成績評定を行う。成績評定に際しては、期末試験である TOEFL-ITP のスコアが第一の基準となる。

　520 点以上： 秀（SA）
　500 〜 519 点：優（A）
　450 〜 499 点：良（B）※外部試験で基準点の獲得が必要
　310 〜 449 点：可（C）※外部試験で基準点の獲得が必要

500 点以上を獲得した学生は問題ないが、500 点未満の学生は外部試験のスコアレポートを提出する必要がある。

そして第二の基準が授業参加となる。授業参加（スピーキング・テスト、課題、アクティビティへの積極的な参加、e ラーニング、小テスト、練習テスト）[7] が授業担当の各教員によって評価され、その評価に応じて第一の基準で示された 4 段階の評定から一段階上下されうる（そのまま変わらない場合もある）。

3.5 クラス分け（習熟度別）

PE のクラスは全て習熟度別となっている。1 年生は全員入学直後にクラス分けテストとなる TOEFL-ITP を受験する。このクラス分けテストで 500 点以上を獲得した者、または他の外部試験で前述のスコア要件を満たす点数を既に得ており申請を行った者は、PE の単位認定を受け PE の受講が免除される。500 点未満の学生はスコア別に分けられたクラスでの履修が確定する。

クラス分けに際しては、学部、学系、コースを問わず、単純にスコアにのみ基づいて配属クラスを決めるため、様々なバックグラウンドを持つ学生がクラスを構成する。したがって、授業では特定の分野に限定することなく

様々なトピックを取り上げることができる。実践的な英語の基礎を学ぶには適したクラス構成となり、授業内のアクティビティが活性化しやすいという効果がある。

1年次の前期15週が終了した時点で期末テストとなるTOEFL-ITPを再度受験するが、この期末テストで500点以上を獲得した者と前期期間中に他の外部試験で基準のスコアを獲得しかつ申請をした者は、上述したように出席要件を満たし、eラーニング課題が完了していれば、PEの単位を取得できる。要件を満たせなかった学生は、入学時か期末テストのTOEFLスコアの良い方の得点で後期のためのクラス分けが再度なされる。

1年次後期にPEの単位を取得できなかった学生は、進級し2年生用のPEクラスにスコアに応じて配属される。よって、1年生と2年生は別のクラスとなる。基本的に半期単位でシラバスは作成されている。1年前期、1年後期、2年前期、2年後期の4ターム（学期）のシラバスが独立しており、同じ内容の学習を繰り返すことにはならない。ただし、2年次後期までに合格できなかった者は留年して2年生を繰り返すことになる。その場合は、再度2年生クラスに配属され、同じシラバスのもと同じ内容の学習を繰り返すことになる。

完全習熟度別のクラス編成には利点が3つある。1つ目の利点は、先に挙げたように、多様な背景を持つ学生がクラスを構成するため、トピックが多様化し、実践的な英語の基礎を学ぶに相応しい環境となることである。2つ目の利点は、学生間のレベル差がないため、ペア・ワーク、グループ・ワークを行いやすく、教員も個人差をさほど意識して授業を進める必要がないことである。3つ目には、ほぼ同じスコアを持った学生がクラスメイトであるため、クラスでの連帯意識が高まり、協働学習の環境が整いやすくなることである。欠点としては、クラス分けテストにスピーキング・テストが入っていないため、本当の意味での習熟度別とはなっていない点である。同じTOEFLスコアを持っていてもコミュニケーション能力が同じとは限らないからである。

4. PEセンターの運営

PEセンターは、センター長、センター長補佐、PEインストラクター（常勤）、非常勤講師と非常勤（パートタイム）事務員で構成されている。

センター長は国際総合科学部の教授が務めている。PE センター創設以来の現センター長は、英語母語話者であり英語教育分野の博士号を有している。センター長の主な業務には次のようなものがある。

- 教員（PE インストラクター及び非常勤講師）の雇用と教育
- 統一シラバスの作成とテキストの選択
- 教員の授業管理
- 教員から受講者の出席記録とスピーキング・テストの結果を集約
- 学生のスコア管理（TOEFL-ITP 及びその他の外部試験）
- 全学生の成績評定
- 学生相談
- 他部署との協議・連携

センター長はマネージメント業務に専念するため PE の授業は担当していない。このセンター長の業務をあらゆる面でサポートするためにセンター長補佐の役が設けられ、現在は国際総合科学部国際教養学系に所属する日本人の准教授が務めている。

PE インストラクターには英語の母語話者と非母語話者がいる。全員が TESOL（英語教授法）の修士号以上を有している。非母語話者は TOEFL-iBT 100 点（TOEFL-PBT 600 点）以上か同等の英語力の証明書が必要となる。PE インストラクターの出身地は様々であり、現在は日本の他、アメリカ、イギリス、カナダ、オーストラリア、イタリア、ロシア出身の教員がいる。

大学の方針により、現在は、PE インストラクターは 1 年任期で 2 回更新可能な有期雇用であるが、3 年間の契約満了後は再応募を妨げられないことになっている。結果、優秀な PE インストラクターを継続的に雇用することができており、学内における英語教育の大きな支えとなっている。PE インストラクターは、90 分授業を前期（15 週間）10 コマ、後期（15 週間）10 コマ担当する。また、コミュニケーション・アワーと呼ばれる学生が気軽に英語の練習をできる時間を週 1 回 60 分担当する[8]。他には、PE センター会議、FD（授業改善）ワークショップといった定例のカリキュラム外活動にも参加する。PE インストラクターは研究活動を求められていないため研究費の支給は受けていないが、科研費など外部資金への応募は可能である。

現在 PE インストラクターのうち 2 名がシニア・インストラクターとして

勤務している。このポストの者のうちの1人は、クラス編成の補助作業、海外フィールドワークの手配、教員研修などの運営業務を担っており、インストラクターのまとめ役となっている。もう1人は2016年度に新設されたライティング・センターに所属するライティング担当シニア・インストラクターである[9]。2007年のPEセンター創設時には、PEインストラクター数はわずか5名であったが、2018年度現在、15名（内シニア・インストラクター2名）のPEインストラクターが在籍している。

5. おわりに

　以上、Practical Englishプログラムの説明にあたって、このプログラムを管理・運営するPEセンターの理念を紹介し、この理念のもと実施されているカリキュラムと運営方法について詳述してきた。ここに紹介したPEセンターの理念は、英語教育界にとっては特段目新しいものではない。何十年も前から、教育現場や学会から提唱されてきたものばかりである。しかし、良いとされているものをなかなか導入できないというジレンマが日本の英語教育界には存在する。横浜市立大学では、英語教育における研究成果や海外での成功事例に倣って、良いとされる方針を多く採り入れている。勿論、大学のリソース（人材・設備・資金）には限りがあるため、何もかもが実施できるわけではない。限られたリソースの中で何が可能かをこれまで模索してきた。充実した教育内容と教育成果を目指してPEセンターが実施してきた教育内容を以下の章では紹介していく。

注

1) 新入生のTOEFL-ITP平均スコアが例年460〜475点ほどであることから、語彙と基礎文法に関してまずまずの知識を有しているといえる。
2) PEの単位取得要件の詳細については後述する。
3) PEプログラムの成果については第V部第19章を参照のこと。
4) eラーニングの詳細は第II部第4章を参照のこと。
5) スピーキング・テストの詳細は第II部第5章を参照のこと。
6) 看護学科では2017年度より2年生への進級要件としてTOEFL-ITP 450点が課されるようになった。その上で、卒業時までにTOEFL-ITP 500点の取得が求められている。

7) 授業参加の評定のうち 20％は毎学期末に実施されるスピーキング・テストに基づく。
8) コミュニケーション・アワーについては第Ⅲ部第 8 章を参照のこと。
9) ライティング・センターについては第Ⅲ部第 9 章を参照のこと。

第3章 Practical English クラス

Carl McGary

1. 授業概要

　PE は、PE1、PE2、PE3 と呼ばれる週3回の授業から構成されている。前述の通り、80％以上の出席がこれら3つの授業それぞれで求められる。PE1 はリスニング、PE2 はリーディング、PE3 はグラマー（文法）に焦点をあてて授業が展開されている。これら3つの授業でそれぞれ焦点となっている領域は、期末試験である TOEFL-ITP の3つのセクションに対応している。授業でフォーカスする方向性をこのように決定したのは、TOEFL の3セクションに特化した指導法の方が TOEFL の高得点につながるという研究結果と経験に基づいているからである（McGary, 1992）。しかしながら PE の授業で特徴的なのは、TOEFL や TOEIC の試験対策を授業では行わず、あくまでもコミュニケーション活動を授業内のアクティビティの中心に据え、コミュニケーション能力の向上をはかりながら、リスニングスキル、リーディングスキル、グラマースキルの向上を目指している点である。これは、「文法をコミュニケーションを支えるものとしてとらえ、文法指導を言語活動と一体的に行う」とする高等学校学習指導要領（2009）の方針と一致する。リスニング、リーディング、グラマーというスキルを向上させる指導をコミュニケーション活動と一体となって行うのが PE である。

　リスニング、リーディング、グラマー（文法）という受動的なスキルに焦点があてられているが、それぞれの授業はアクティブかつホリスティック（全体論的）に行われている。したがって、主要4技能（リスニング、リーディング、スピーキング、ライティング）全てを毎週3回の PE の授業それぞれで練習している。

　PE の全ての授業において指導言語は英語であり、いわゆるオールイングリッシュの授業形態である。日本人教員であっても授業中は英語しか話さない。このため、採用される英語母語話者以外の PE 担当教員には高い英語力が求められる。しかしながら、学生のコミュニケーション活動が中心となるよう毎回の授業は立案されているので、実際は教員が自分の流暢な英語を披

露することよりも、いかに学生に英語を使用させるかが重要である。オールイングリッシュの中味は、教員が英語を常に用いていればよいのではなく、学生が主体的に英語を使用することにある。

指導言語が英語なのは、学生が英語の使い方を学び、英語を使えるようにすることを手助けすることが目的だからである。有名なブロードウェイ劇「ザ・ミュージック・マン」では、ペテン師が街の人々を騙して、自ら名付けた「シンクシステム」という方法を用いれば街の少年たちは楽器が演奏できるようになると人々に信じ込ませる。少年たちは演奏していることをただ考えるだけで劇の終わりには実際に演奏ができるようになっている。しかし実際は、「シンクシステム」がうまくいくはずはない。日本語で授業を聞きながら英語のことを考えているだけの学生が、英語を使用する力を身につけることは決してない。英語で学び英語を使うことで英語は上達すると我々は考えている。

PEのクラスサイズは比較的小さく、1クラス25人以下である。言語使用の機会を最大限にするために、学生は授業中のタスクのほとんどをペアまたはグループで行っている。幸いにも、PEの合格率の向上に伴いクラスサイズが徐々に小さくなり、現状（2018年度）では1クラス20人程度が平均となっている。クラスサイズが小さくなれば一層充実した学習環境となり、更に合格率も上昇するという好循環が続いている。

2. PE1：リスニング（授業紹介）

3つのセクションから構成されているPEのうち、「PE 1：リスニング」の授業について紹介する。以下が2018年度前期、1年生用のシラバスである。

表1　2018年度前期シラバス（PE1）

1	Introduction of the teacher, students, and course
2	Unit 1: Staying Healthy in the Modern World-Lesson A（pp.2-11）
3	Unit 1: Staying Healthy in the Modern World-Lesson B（pp.12-20）
4	Unit 2: Energy and Our Planet-Lesson A（pp.21-31）
5	Unit 2: Energy and Our Planet-Lesson B（pp.32-40）
6	Unit 3: Culture and Tradition-Lesson A（pp.41-51）
7	Unit 3: Culture and Tradition-Lesson B（pp.52-60）

8	Practice PE Speaking Exam
9	Unit 4: A Thirsty World-Lesson A（pp.61-71）
10	Unit 4: A Thirsty World-Lesson B（pp.72-80）
11	Unit 5: Inside the Brain-Lesson A（pp.81-91）
12	Unit 5: Inside the Brain-Lesson B（pp.92-100）
13	Review Units 1-5
14	Review Units 1-5
15	PE Speaking Exam

ここでは特に第7回目の「様々な民族の文化と伝統」をトピックとして取り上げた授業を例にリスニングの授業方法を紹介する。

PE 1：リスニング
90分（このうち50〜70分がオーラルコミュニケーションの活動に充てられる）
教科書：*Pathways 2: Listening, Speaking, and Critical Thinking, 1st edition*（Cengage Learning）
Unit3：Culture and Tradition-Lesson B（pp.52-60）

　授業は教員が出席を取ることから始まる。これは通常2、3分しかかからない。教室の机と椅子は予め3人組か4人組のグループで着席できるように配置されている。

　宿題として右記（図1）教科書の左ページ（p.52）が指定されており、そこには2つのExercise（練習問題）が含まれている。最初のExercise A（Using a Dictionary）ではこの章に出てくる語彙を学ぶことができ、次のExercise B（Prior Knowledge）はこの章で扱う内容に興味を持たせるためのウォームアップ問題で学生の現在持っている知識を確認するものとなっている。

　授業では、この2つのExercise A, Bに関して自分の作ってきた解答をグループ内で教え合うよう学生たちは指示を受ける。グループのリーダーにはメンバーが積極的に答えの共有をするように促し、同時に、メンバー間で意見の異なった語彙に関して教員に質問をする役割がある。このアクティビティのねらいは、できるだけ多く口頭での英語使用を学生に行わせることであ

第 3 章　Practical English クラス

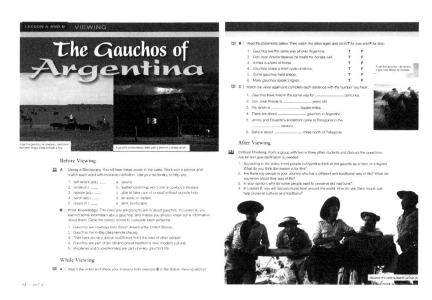

図 1　教科書（*Pathways 2*）52、53 ページ[1]

る。そして学生にとっては、この課（授業）の内容を理解するために必要な語彙を習得することがここでの学習目標となる。

　次に学生は、教員が見せるビデオ動画（While Viewing A, p.52）で解答を確認しながら、先ほどの Exercise B（Prior Knowledge）に対する解答をチェックするよう指示を受ける。その後、学生はテキスト中の 2 つのリスニングの Exercise（While Viewing B, C, p.53）を行う。まず教員が学生たちに Exercise の指示を読むよう伝え、ビデオ動画を 2 回再生する。これらの Exercise は比較的簡単で、True or False（正誤）クエスチョンと短答の穴埋め問題である。学生はビデオを視聴しながら各自で Exercise に解答する。ビデオ動画を 2 回見た後、教員はパワーポイントを用いてスクリーンに正解を示す。これらのアクティビティのねらいは、アカデミックな内容の英語をリスニングさせることである。そして、英語を聞きながら予測した内容を確かめる能力と細部を聞き取る能力を高めることが学生にとっての学習目標となる。

　続く Exercise（After Viewing: Critical Thinking, p.53）では、グループ・ワークを行いテキストにある質問についてディスカッションをする。各グループのリーダーはメモを取り、グループのアイデアをクラス全体に発表する準備を

する。各グループのリーダーが短い発表をそれぞれ行うだけの時間も与えられる。このアクティビティのねらいは、グループディスカッションで英語使用の練習をさせることである。そして、質問をしたり説明をしたりするスキルを磨くことが学習目標となる。グループリーダーにとってはメモを取る練習や短い発表をする練習にもなる。

次は宿題として出されていた語彙と語形の Exercise の解答をグループでチェックし合う。教員は教室内を巡回し、それぞれの質問に答えていく[2]。そして学生は次のディスカッションの Exercise をペアで行う。もし時間があれば、2、3人の学生にパートナーの学生が何と言ったかを発表させる。発表時に使うと便利な表現を、以下の例のようにパワーポイントのスクリーンに示しておくと、学生にとっては有益である。このアクティビティのねらいは、英語を用いてペアのパートナーと特定のトピックに関して議論をさせることである。そして、全ての学生がメモを取って英語で情報を伝えることができるようになることが、ここでの学習目標となる。

PE 1 Unit 3 – Using Vocabulary B, p.55.

Examples
- My partner likes to listen to classical music.
- She says that her father is stricter than her mother, but he is also more generous. Sometimes he gives her an unexpected allowance.

次に学生はグループで宿題（Before Listening, p.56）をチェックし、新しい情報についてディスカッションをする。この Exercise は、大学の授業でローマ民族の音楽に関する課題が課され、ある学生がその課題に関するプレゼンテーションを行うという設定のリスニングエクササイズに関する pre-activity（事前活動）となっている。学生は宿題として予めそこにある短い文章を読み、図表や写真についても調べてきている。そこで、グループでリスニング前のウォームアップとして文章に対する7つのクエスチョンについてディスカッションを行う。例によって、リーダーはグループでのディスカッションを先導する役割である。時間があれば、教員はリーダーにグループで議論したアイデアを発表させる。このアクティビティのねらいは、グループディスカッションにおいて学生に積極的に英語を使用するよう促すことである。グ

ループリーダーにとってはメモを取り情報を伝達する練習にもなる。

　ディスカッションの後は、このリスニングエクササイズのために教員はCDを3回流す。1回目は授業の課題の要点をノートテイキングするため、2回目は学生のプレゼンテーションの主題を聞き取るため、3回目は学生のプレゼンテーションの細部を聞き取るためにである。時間を節約するために、教員が解答を準備してパワーポイントでスクリーンに写し出せば、学生は自分で解答をチェックすることができる。ここでの学習目標は、アカデミックな内容の課題をリスニングしながらノートを取れるようになることである。学生にとっては、リスニング内容の主題と細部を聞き取るスキルを身につける練習になる。

　この授業では最後のExerciseに、もう1つグループディスカッション（Critical Thinking, p.57）がある。これは教科書に出てきたローマ民族の伝統音楽に関する話題を更に広げていく活動である。他の民族や自国の伝統音楽に関して意見を述べ、文化の多様性や新しい文化と伝統との融合などについて、グループで議論を展開する。このアクティビティのねらいは、グループディスカッションにおける英語の使い方を練習させることである。ここでは、学生が質問をしたり説明をしたりするスキルを身につけることが学習目標となる。各グループのリーダーにとっては、メモを取る練習や短い発表の練習にもなる。

<授業展開>

CULTURE AND TRADITION
ANY DATE

授業科目	概要：大学教授による課題の説明と学生のプレゼンテーションを聞き取る；プレゼンテーションを立案する		
PE1 リスニング	練習スキル	目標	指定教材 *Pathways 2: Listening, Speaking, and Critical Thinking, 1st Edition.* Cengage. 978-1-4240-5104-5 Unit 3 / Lesson B pp.52-60 補助教材 Listening CD / DVD 補助ノート
	・語彙－文脈から意味を理解する；新出語彙を用いて文章を完成させる ・リスニング－予測が正しいか聞きとって確認する；細部を聞き取る；推測をする；情報を忘れないようにメモをとる ・スピーキング－意見、アイデアを共有する ・クリティカル・シンキング－文脈から意味を推察する	●簡略な学術英語を自信を持って理解できるようになる ●簡略な学術英語を聞いてノート（メモ）が取れるようになる ●自分の意見を自信を持って他の学生と共有できるようになる	

アクティビティ（授業内活動）	教員向けガイド	学生向けガイド	時間
宿題のチェック	グループごとに宿題（p.52 Exercise A と B）の答え合わせを学生にさせる。学生が話し合っている間はクラス内を歩き回り、語彙に関する質問に答える。学生はこの後ビデオ映像を見て Exercise B の答えを確認する。	宿題の答え合わせをする（p.52 Exercise A と B）。グループメンバー全員が参加するよう、班長は責任を持つ。グループで質問があれば、教員に尋ねる。	5分
Exercise A (While Viewing) p.52	宿題の Exercise B の答えをビデオ動画を見ながら確認するよう学生に指示をする。	p.52 の Exercise A (While Viewing) の指示説明を読む。	5分
Exercise B (While Viewing) p.53	教科書の Exercise の指示説明を読むように指示する。その後ビデオ動画をもう一度再生する。	p.53 の Exercise B (While Viewing) の指示説明を読む。	5分
Exercise C (While Viewing) p.53	教科書の Exercise の指示説明を読むように指示する。その後ビデオ動画をもう一度再生する。	p.53 の Exercise C (While Viewing) の指示説明を読む。	5分
Exercise B, C p.53 解答	パワーポイントのスライドで解答を表示する。	正解を見ながら答え合わせをする。	2-3分
クリティカル・シンキング／ディスカッション－グループワーク (After Viewing) p.53	各グループ1名を班長とする。グループメンバーが話している間、班長にメモを取らせる。5分から10分程度グループごとで話し合った後、教員は各班長にそれぞれのグループの意見をクラス全体に紹介させる。班長の役目はグループ内でローテーションをするので各生徒は学期（セメスター）中幾度も（6、7回）発表する機会が与えられる。	p.53 のクリティカル・シンキングにおける質問に対してグループでディスカッションをする。班長はメモを取って、グループのアイデアをクラス全体に発表できるよう準備をする。	10-15分

第3章 Practical English クラス

クリティカル・シンキング／ディスカッション―グループワーク (After Viewing) p.53	各グループの班長に話し合った内容について簡潔な発表を行わせる。	各班長は立って1分間のプレゼンテーションを行う。グループで話し合った全てを発表する必要はなく、最も興味深かった事柄を話すようにすればよい。	5-10分
宿題のチェック	グループごとに、宿題のp.54の下部とp.55の上部のExercise BとCの答え合わせをさせる。学生が話し合っている間はクラス内を歩き回り、語彙に関する質問に答える。	宿題の答え合わせをする（p.54の下部とp.55の上部のExercise BとC）。グループメンバー全員が参加するよう、班長が責任を持つ。グループで質問があれば、教員に尋ねる。	5分
ディスカッション―ペアワーク Exercise B p.55	p.55の下部のExercise Bの指示に従ってペアワークを行わせる。パートナーが話している間はメモを取るように学生に伝える。各ペアがそれぞれ終わったら、ランダムに学生に当てて、パートナーが話した内容を(口頭でクラス全体に）報告させる。	p.55の下部のExercise Bの指示に従ってペアワークを行う。自分のパートナーが話している間はメモを取る。パートナーが話した内容を報告するよう教員に言われるかもしれない。	7-10分
宿題のチェック／ディスカッション―グループワーク	グループごとに、p.56の下部の質問に対してディスカッションをさせる。p.56の上部の資料は宿題なので学生は予め読んでいる。ディスカッションが終わったら、班長に各グループで議論した内容を報告させる。	グループごとにp.56の下部の質問に対してディスカッションをする。班長はメモを取って、グループのアイデアをクラス全体に発表できるよう準備をする。	10-15分
リスニング―ノート（メモ）取り	CDを再生しp.57のExercise Aの空欄を埋めてノート（メモ）を完成させる。	p.57のExercise Aの指示内容を読む。CDを聞きながらノート(メモ)を完成させる。	5分
リスニング―主題を聞き取る	CDをもう一度再生しp.57のExercise Bを行わせる。	p.57のExercise Bの指示内容を読む。CDを聞きながら問題に答える。	5分
リスニング―細部を聞き取る	CDをもう一度再生しp.57のExercise Cを行わせる。	p.57のExercise Cの指示内容を読む。CDを聞きながら問題に答える。	5分
クリティカル・シンキング／ディスカッション―グループワーク (After Listening) p.57	グループメンバーが話している間、班長にメモを取らせる。5分から10分程度グループごとで話し合った後、教員は各班長にそれぞれのグループの意見をクラス全体に紹介させる。	グループごとに、p.57のクリティカル・シンキングのExerciseにある質問に対してディスカッションを行う。班長はメモを取って、グループのアイデアをクラス全体に発表できるよう準備をする。	10-15分
宿題の説明	次回の宿題としてp.60を読んでExerciseを行うように学生に伝える。次週の授業ではミュージックに関する1分間の個人プレゼンテーションを行うので各生徒に準備をさせてくる。	宿題としてp.60を読んでExerciseを行っておく。次回の授業ではミュージックに関する1分間の個人プレゼンテーションがあるので、その準備をしておく。	3分

3. PE2：リーディング（授業紹介）

次に3つのセクションから構成されているPEのうち、「PE 2：リーディング」の授業について紹介する。以下が2018年度前期、1年生用のシラバスである。

表2　2018年度前期シラバス（PE2）

1	Introduction of the teacher, students, and course
2	Chapter 1: The Paradox of Happiness（pp.2-14）
3	Chapter 1: The Paradox of Happiness（pp.14-19） Book Report Activity 1
4	Chapter 2: Junior Status: Sharing Dad's Name a Mixed Bag（pp.20-31）
5	Chapter 2: Junior Status: Sharing Dad's Name a Mixed Bag（pp.31-35） Book Report Activity 2
6	Chapter 3: The Birth-Order Myth（pp.36-48）
7	Chapter 3: The Birth-Order Myth（pp.49-55） Book Report Activity 3
8	Practice PE Speaking Exam
9	Chapter 4: Laughter Is the Best Medicine for Your Heart（pp.58-69）
10	Chapter 4: Laughter Is the Best Medicine for Your Heart（pp.69-73） Book Report Activity 4
11	Chapter 5: Acupuncture: The New Old Medicine（pp.74-87）
12	Chapter 5: Acupuncture: The New Old Medicine（pp.87-95） Book Report Activity 5
13	Chapter 6: Highs and Lows in Self-Esteem（pp.96-108）
14	Chapter 6: Highs and Lows in Self-Esteem（pp.109-116） Book Report Activity 6
15	PE Speaking Exam

ここでは特に「笑いと健康」に関するテーマを扱った第10回目の授業を例に、リーディングの授業方法を紹介する。

> PE 2：リーディング
> 90分（授業時間全てがオーラルコミュニケーションに充てられ、学生一人一人は 15 〜 30 分位英語を話すことになる）
> 教科書：*Concepts for Today, 3rd edition*（Cengage Learning）
> Chapter 4：Laughter Is the Best Medicine for Your Heart（pp.69-73）

　宿題として、学生にはいくつかのエクササイズとブックレポートが課されている。授業用の Moodle[3] サイトに、以下（図2）に示すように、週ごとに課題が掲載されている。学生は、インターネットを通じてアクセスをしてオンライン上で課題を行う。

図2　Flipped Learning Online Exercises

　最初の課題はブックレポートである。学生は 15 週間の学期中にグレーデッド・リーダーズ（多読用英語書籍）を 6、7 冊読まなければならない[4]。Moodle サイトからブックレポート用のテンプレート（参考資料1）をダウンロードして課題を行い、授業が始まるまでに完成したレポートを Moodle を通じて提出する。この課題のねらいは、学生に読書を楽しませることである。そして学習目標は、リーディングのスピード、正確さ、語彙力を高めることにある。
　次に教科書（図3）の 59 ページにある「笑いと健康」に関する文章を読む。そして Moodle サイトを通じてその文章をリスニングしながらシャドウイン

図3　教科書（*Concepts for Today*）58、59ページ

グの練習を行う。このエクササイズを何度も繰り返して行うことが学生にとっては大事である。このエクササイズのねらいは、学生を上手な読者にすることである。リーディングのスピード、正確さ、文構造の把握力、発音を向上させるということが学生にとっての学習目標となる。

　次に学生が行うのは、リーディング、リスニング、シャドウイングを行った59ページに掲載されている文章の内容についてオンライン上でフィードバックを受けながら答えていくことである。情報を素早く読み取ったり、細部を問う質問に答えたり、情報を体系的に捉えたり、関連する語彙の語形を確認したりしながら、課題となっている文章を繰り返し読んで内容の理解を深めていく。教員は授業の前に各学生の宿題の進捗状況をオンラインで確認することができる。これらの課題のねらいは、skimming（スキミング）やscanning（スキャニング）[5]といったリーディングスキルを向上させることと文法力を高めさせることである。ここでは、英語文章の読解と分析方法を習得することと、接尾辞（-ity）を理解して使用できるようになることが学習目標である。

　教室では、学生はまずグループの他のメンバーに自分のブックレポートを

紹介し合うよう指示を受ける。各グループのリーダーはグループのメンバーが発表している間、その発表内容についてグループブックレポート記入用紙（参考資料 2）に簡潔にメモを取っていく。このアクティビティのねらいは、グループの場で口頭で英語を使用することである。ここには、英語でインフォーマルな発表の方法を習得するという学習目標がある。グループリーダーは、全生徒が順番に務めることになるが、メモを取る練習にもなる。この一連のブックレポートの宿題とクラスでのアクティビティには、リーディング、ライティング、スピーチ、リスニング、ノートテイキング、ディスカッションの活動が含まれることになる。授業内で自分の読んだ本に関しての発表を行うことで、読んだ内容を整理し理解を深めることができ、それをいかに分かりやすく説明するかというオーディエンスを意識したスピーチのスキルを身につけることもできる。発表を聞いているグループの他のメンバーも、メモを取りながら発表を聞いて、ストーリーや感想に関する質問をすることで、リスニングのスキルとディスカッションのスキルが身についていく。そして読書の感動を共有することで次の読書へのモチベーションとなる。ブックレポートを課すだけでなく、それを授業内の活動へと結びつけることで、学生にとってはブックレポート課題を遂行する意義と意欲が生じてくる。

　続いて授業では、学生はこの Chapter のトピックである「笑いと心臓病」の因果関係や笑いの文化的背景を問う Exercise の質問について議論する。この質問には決まった解答はなく、色々な答えが有り得る。学生たちは宿題としてこの質問に対する返答を予め書いて準備しておく。グループで話し合っている間、グループのリーダーは内容のメモを取っておく。5 〜 10 分間位グループ内でトークをした後、教員は各グループのリーダーにグループ内の話で面白かった事例や意見をクラス全体に発表するよう促す。グループリーダーはローテーション制で行われるため、各学生は学期期間中に幾度もグループの意見を発表する機会がある。このアクティビティのねらいも、できるだけたくさん英語を口頭で使用することである。ここでは、アカデミックなトピックに関して自分の意見を英語で論じる方法を習得することが学習目標となる。

　次に、学生は教科書に記されている「おかしな映画」というトピックで 1 分間のスピーチを行う。これはこの Chapter のテーマである「笑いと健康」を自分が今までに見た面白おかしい映画と結びつけて発表するタスクであ

る。スピーチは宿題として予め用意してくることになっている。グループの各学生のスピーチを聞きながらスピーチ評価シート（参考資料3）にそれぞれのメンバーに対する評価を記入するよう指示を受ける。発表者はスピーチの際に原稿を見てはならず、発表時間も厳守しなければならない。このアクティビティのねらいは、短いセミフォーマルなスピーチを英語で行うことに自信を持たせることである。英語でスピーキングとリスニングの練習をすることがここでの学習目的であるが、学生はメモを取りながら評価をする経験を積むことにもなる。

　最後に、学生は教科書の次のユニットのPre-readingクエスチョンについてグループごとにディスカッションをする。教員は教室内を巡回し質問に答えていく。この最後のエクササイズのねらいは、再度学生にできるだけ多く英語を積極的に使用する機会を与えることである。ここでは、学生は新出語彙を学習し、次のリーディング用文章を論じる準備をすることが期待される。解散する前に、Moodleのサイトから次週の宿題が何であるかを確認するよう念が押されてから授業は終了する。

第3章　Practical English クラス

＜授業展開＞

LAUGHTER IS THE BEST MEDICINE

ANY DATE

授業科目	概要：リーディングスキルの向上、ディスカッションとプレゼンテーションスキルの練習		
PE2 リーディング	練習スキル	目標	
	・語彙 − 文脈からのヒントを利用して新出単語を理解する ・リーディング − リーディング内容を予想して背景知識を活性化する：T / F クエスチョン、選択肢問題、ショートアンサー問題を通じてリーディング内容を分析する：詳細情報をスキャンする（素早く読み取る） ・スピーキング − 意見、アイデアを共有する ・プレゼンテーション − ショートスピーチの準備、発表 ・ライティング − ブックレポートの作成	● Graded Reader を英語で読む ● 英語でブックレポートを作成する ● 簡略な学術英語を自信を持って理解できるようになる ● 自分の見た映画について英語でショートスピーチができるようになる ● 自信を持って自分の意見を他の学生と共有できるようになる	指定教材 *Concepts for Today.* Cengage. 978-1-1110-3305-7 Chapter 4. pp.58-72 補助教材 - Group Book Reports Note Taking Forms - Speech Evaluation Forms 補助ノート

アクティビティ（授業内活動）	教員向けガイド	学生向けガイド	時間
宿題のチェック	授業の前に、オンラインの e ラーニング課題が全て完了しているかを確認する。		
グループでのブックレポート報告	グループで（自分たちの書いてきた）ブックレポートの内容を共有し合うように学生に指示をする。1名が班長となりメモを取る。班長はグループメンバーが読んできた本についてクラス全体に報告をする。	グループ内で自分のブックレポートを紹介する。班長はメモを取り、グループメンバーが読んできた本についてクラス全体に発表する。	15-20 分
グループワーク：Exercise G (Critical Thinking Strategies) p.69	この Exercise の質問に対する解答を書いてくることを宿題としておく。グループで（宿題として準備してきた）自分たちの意見を議論するよう指示を与える。	教科書 p.69 の Exercise G の質問に対する自分の意見をグループで紹介し合う。班長はメモを取り、クラス全体に（議論した）意見を発表できるよう準備する。	20-25 分
スピーチ：Exercise H (Topics for Discussion and Writing: question 2) p.70	学生は宿題として1分間のスピーチを準備してきている。各学生を教室の前に来させてクラス全員に向かってスピーチをさせる。その際、各学生のスピーチの時間を測っておく。	本授業ではクラス全員の前でスピーチをする機会が各自に与えられている。リラックスして分かり易く話すことを心掛ける。スピーチの時は原稿を見てはいけない。グループの仲間がスピーチしている時はそれぞれに対して評価票に記入をする。	20-30 分
ディスカッション − グループワーク (Pre-reading Preparation) p.74	教科書にある質問を話し合うよう指示をする。班長はグループで出てきた疑問点をメモしておく。グループ間を巡回し学生の質問に答えていく。	p.74 の Pre-Reading Preparation Exercise の質問に対する解答をグループで話し合う。班長はグループで出てきた疑問点をメモに取り、教員に質問をする。	10-15 分

4. PE3：グラマー（授業紹介）

　最後に3つのセクションから構成されているPEのうち、「PE3：グラマー」の授業について紹介する。以下が2018年度前期、1年生用のシラバスである。

表3　2018年度前期シラバス（PE3）

1	Introduction of the teacher, students, and course
2	Lesson 3: Engineering: Building Bridges（pp.21-28） -Present Tense vs. Present Progressive; Past Tense vs. Past Progressive; Adverbs of Frequency
3	Lesson 4: Sociology: Marriage Customs and Trends（pp.29-36） -Future; Future Progressive
4	Lesson 5: Ecology: Climate Change（pp.37-48） -Present Perfect; Past Perfect; Future Perfect
5	Lesson 6: Public Policy: Predicting and Planning for Earthquakes（pp.49-56） -Comparing the Present and Present Perfect; Comparing the Past and Past Perfect; Comparing the Future and Future Perfect
6	Lesson 7: English Composition: Writing Papers（pp.57-62） -Tense Sequencing in Discourse; Simple Present as Background Information in Discourse
7	Lesson 8: Linguistics: The History and Globalization of English（pp.63-72） -Present Perfect Progressive; Past Perfect Progressive; Future Perfect Progressive
8	Practice PE Speaking Exam
9	Lesson 9: Health Science: Influenza and Other Infectious Disease（pp.73-80） -Common Modal Verbs; Negation of Modals
10	Lesson 10: Mathematics: Game Theory（pp.81-88） -Negative Statements; Negative Statements with Either and Neither
11	Lesson 11: American Literature: Crime Novels（pp.89-94） -Separable Phrasal Verbs; Inseparable Phrasal Verbs
12	Lesson 12: Science: The Human Brain（pp.95-100） -Core Determiners: Articles, Demonstratives, Possessives, and Quantifiers; Pre-Determiners and Post-Determiners
13	Lesson 13: Fashion and Apparel: Design（pp.101-110） -Adjectives Preceding Nouns: Predicative Adjectives, Adjective Sequences

| 14 | Lesson 14: Zoology: Animal Communication（pp.111-120） -Subject and Object Pronouns and Possessive Forms: Reflexive and Reciprocal Pronouns: Indefinite Pronouns |
| 15 | PE Speaking Exam |

※教科書のLesson 1（時制）とLesson 2（進行形）の内容は定着度が高いので、Lesson 3から始めている。

ここでは特に名詞と代名詞を扱った第14回目の授業を例にグラマーの授業方法を紹介する。

PE3：グラマー

90分（授業時間全てがオーラルコミュニケーションに充てられる。学生一人一人がスピーキングを行う時間は様々であるが、平均して15〜20分位となる）

教科書：*Grammar Connection 4: Structure through Content*（Cengage Learning）

Lesson 14：Zoology: Animal Communication（pp.111-120）
　　　Part 1 －代名詞（主格・目的格・所有格）；
　　　Patr 2 －再帰代名詞・相互代名詞；
　　　Part 3 －不定代名詞

　授業は、PE1、PE2同様、教員が出席を取ることから始まり、教室の机と椅子も予め3人組か4人組のグループで着席できるように配置されている。

< Part 1 －名詞（主格・目的格・所有格）（pp.111-115）>

　宿題としてこの章の最初のページ（p.111）が指定されている（図4）。そこにはExercise（練習問題）があり、動物と昆虫の4枚の写真が短い説明文と一緒に記載され、これらの動物と昆虫がどのようにコミュニケーションをとっているかが説明されている。ここで学生たちは説明文を読み新出単語を学習する。そしてライティング用のジャーナル[6]に2つの質問に対する自分の考えを書き記す。質問は"Do you know the similarities and differences between human language and animal communication?"（人間の言語と動物のコミュニケーションとの類似点、相違点を知っていますか？）、"Do you think people and

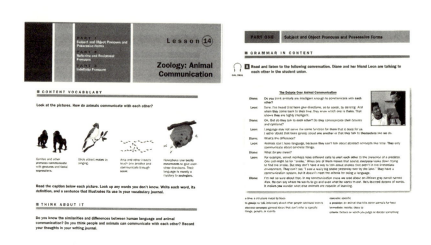

図4 教科書（*Grammar Connection 4*）111、112ページ

animals can communicate with each other?"（人間と動物がお互いにコミュニケーションを行うことができると思いますか？）という質問である。この宿題のねらいは、前もって学生に授業で扱うこの章の題材を理解させておくことであるが、同時に、学生にとっては新出語彙を学ぶことが期待される。

授業では自分の書いてきたジャーナルを用いてグループのメンバーと意見交換をするよう指示が出される。教員は学生たちに以下のようなパワーポイントのスライドを見せて、想定される会話パターンの例を紹介する。

PE 3 Chapter 14 – Sharing Opinions
▸Group Leader: Since gorillas can communicate with gestures, I think that we could communicate with them using gestures too.
▸Student B: I agree. And my dog Snoopy is really smart. When I wave my hand like this he knows that means "sit."

各グループのうちの1人がリーダーとなり、グループトークの間はメモを取る。5〜10分間位グループ内でトークをした後、教員は各グループのリー

ダーにグループ内の話で面白かった事例や意見をクラス全体に発表するよう勧める。グループリーダーの役割はローテーションで代わる代わる担当するため、各学生は学期間に幾度もグループの意見を発表する機会がある。このアクティビティのねらいは、英語を用いてコミュニケーションをすることである。ここでは、オーラルコミュニケーションにおいて主格と目的格の名詞を用いることに学生が慣れることが学習目標となる。

　さらに別の宿題として、学生は代名詞を解説した表（p.113）で文法項目を学習してから2つのビデオ動画（"Subject and object pronouns in English" / "Subject and Object Pronouns by Shmoop"）[7] を見ておくように指示されている。その上で112ページのリーディング文章を読み、113ページと114ページの穴埋めのExerciseをしておくようにも予め指示をされている。そして授業では以下の会話のようにグループ内でお互いに解答を確認し合う。これらのエクササイズの学習目標は、英語の所有代名詞の用法を理解することである。加えて、学生同士が答えを一緒に言い合うことで、英語で意見を共有する貴重な練習をすることができる。

PE 3 Chapter 14 – Sharing Opinions
- Group Leader: What did you write for number one?
- Student B: "Their" – Wolves bare "their" teeth to signify aggression.
- Group Leader: Does everyone agree?

　およそ10分後、教員は正解を教えて各グループのリーダーにグループメンバーの3人もしくは4人全員が間違えたような問題はないかを質問する。教員はこの機会を利用して、次のようによくある誤りについて解説をし、正しい用法を教えていく。

- Group Leader: All of us got number 11 wrong.
- Teacher: What answers did you have?
- Group Leader: We all thought the correct answer should be "It."
- Teacher: OK. Let's look at the previous sentence. It says, "One popular primate subject is Koko, a *female* lowland gorilla." Koko is female and so we use the pronoun, "She."

< Part 2 －再帰代名詞・相互代名詞 (pp.116-118) ＞

　宿題として、再帰代名詞・相互代名詞を解説した表 (p.116) を学習し、ビデオ動画 ("Reflective Pronouns") [8] を見ておくように学生は指示されている。その上で、117 ページの穴埋めの Exercise と次のハンドアウト（配布資料）の英作文もしておくよう予め指示されている。この宿題のねらいは、再帰代名詞を英語ではどのように使用するかを学生に理解させることである。

PE 3 Chapter 14 – Using Reflexive Pronouns

Directions: Make INTERESTING sentences with reflexive pronouns using the words below. Be sure use the correct verb tenses. Use imaginary situations.

Example: hurt <u>myself</u>

　　　　　When I joined the army, my mother told me not to hurt <u>myself</u>.

1. talk to <u>himself</u>
2. wish <u>myself</u>
3. enjoy <u>themselves</u>
4. take care of <u>herself</u>
5. cut <u>himself</u>
6. wish <u>yourself</u>
7. be proud of <u>yourselves</u>
8. blame <u>ourselves</u>
9. feel sorry for <u>myself</u>
10. introduce <u>herself</u>
11. believe in <u>yourself</u>
12. pinch <u>myself</u>

　そして授業ではグループ内で話し合いながらお互いに解答を共有する。グループのリーダーは興味深い英作文の解答をメモし、教員はそれをクラス全体に発表させる。この活動は全体でおよそ 10 分ほどである。このアクティビティのねらいは、教室という限定的な場ではあるが、英語で再帰代名詞を用いる練習を行わせることである。グループリーダーにとってはメモを取ったり、情報を伝達したりする練習にもなる。

< Part 3 －不定代名詞 (pp.118-120) ＞

　宿題として、不定代名詞を解説した表 (p.118) を学習し、ビデオ動画 ("Indefinite Pronouns / The parts of speech / Grammar / Khan Academy") [9] を見ておくように指示されている。学生はまた、文章書き換えの Exercise と穴埋めの Exercise、及びショートエッセイを作成するコミュニケーション課題の

Exerciseをしておくよう予め指示されている。この宿題のねらいは、英語での不定代名詞の使い方を学習させることである。ここには、英語のショートエッセイ作成において不定代名詞を正確に使用する能力を向上させるという学習目標がある。

　授業では、学生は宿題であったExerciseの答えの確認をグループ内でするよう指示を受け、前述のフォーマット例に従って学生はやりとりを行う。2、3分間、学生同士でコミュニケーションを行った後、教員は正解を伝え、再度グループリーダーに重大な誤りはなかったかを確認する。このアクティビティのねらいは、教室という限定的な場ではあるが、英語で不定代名詞を用いる練習を行わせることである。グループリーダーはメモを取ったり、情報を伝達したりする練習にもなる。

　次に、学生にクラス全体でエッセイを口頭発表してもらう。宿題としてこの課題の準備をしっかりとしておくよう事前に学生たちには伝えられている。各スピーチは1分程度であり、10人が発表する時間を毎時間確保している。学生は原稿を読まないようにしなければならない。このスピーキングの課題は毎週行われ、ローテーションで発表者が代わるので、全員同じだけの練習機会が与えられている。このアクティビティのねらいは、セミフォーマルなシチュエーションで英語で意見交換をすることに学生を慣れさせることである。ここでは、代名詞を正確に使いこなせるようになることが学習目標である。

　この授業での最後のアクティビティはクイズとなる。10問のTOEFL形式の文法クイズを教員は用意している。TOEFL-ITPのセクション2と同様、最初の5問は空所補充で、単語や熟語のリストから正解を選び文章を完成させる。残りの5問は誤りの指摘である。学生は文章中の誤りを探さなければならない。問題は全て当日の授業で練習した文法項目に関連するものである。このアクティビティのねらいは、この授業で練習した文法項目を学生がしっかりと習得したかを見極めることである。

＜授業展開＞

CHAPTER 14: PART 1 – 代名詞（主格・目的格・所有格）；
PART 2 – 再帰代名詞・相互代名詞；PART 3 – 不定代名詞

ANY DATE

授業科目	概要：リーディングスキルの向上、ディスカッションとプレゼンテーションスキルの練習			
PE3 グラマー（文法）	練習スキル	目標		
	・語彙－文脈からのヒントを利用して新出単語を理解する ・リーディング－リーディング内容を予測して背景知識を活性化する ・スピーキング－意見、アイデアを共有する ・プレゼンテーション／ライティング－ショートエッセイを準備して発表する	・主格と目的格の代名詞をオーラルコミュニケーションの際に使うことに慣れる ・人称代名詞を用いる様々な用法を理解できるようになる ・再帰代名詞の使い方を学ぶ ・動物のコミュニケーションに関して自分の意見をショートエッセイに書きながら、不定代名詞の使い方を学ぶ ・自分の意見を自信を持って他の学生と共有できるようになる	指定教材 Grammar Connection 4: structure through content. Cengage. 978-1-4130-1756-4 Chapter 14. pp.111-120 補助教材 Speech Evaluation Forms 補助ノート	

アクティビティ（授業内活動）	教員向けガイド	学生向けガイド	時間
宿題のチェック／グループワーク	宿題として、章の最初のページを課しておく。そこには動物と昆虫の4枚の写真が載っており、それぞれがどうやってコミュニケーションをとっているかの簡単な説明が記されている。その説明を読み、新出単語を学んだ後、ライティング・ジャーナルに2つの質問に関する自分の考えを書きとめてくることが宿題である。教室では、グループの他の学生とライティング・ジャーナルに書いてきた自分の意見を共有し合うように指示を出す。学生達に使わせたい会話表現の例をパワーポイントのスライドで示す。	グループ内でライティング・ジャーナルに書いてきた自分達の意見を紹介し合う。その際に、パワーポイントで示された例文を利用する。メンバーの意見を班長はメモに取る。グループ内で意見を交換しあったら、班長はクラス全体に自分たちのグループの意見をいくつか紹介する。	15-20分
グループワーク：Exercise C and D p.113, 114	学生は教科書のp.112-114を宿題として学習済みで、Exercises C と D の穴埋め問題も解答済みである。そこで、グループごとに自分たちの答えを確認し合うように指示をする。	p.113 と p.114 の Exercises C と D の解答を自分たちで意見を言い合って確認する。班長はメモを取り、クラス全体に意見を発表できるようにしておく。	10-15分
グループワーク：Exercise C p.117 ; ハンドアウト "Using Reflexive Pronouns"	学生は p.117 の Exercise C の穴埋めを解答済みである。またハンドアウト（配布資料）の英作文も作成済みである。そこで、グループ内で意見を交換し合うよう指示をする。	p.117 の Exercise C とハンドアウトの "Using Reflexive Pronouns" の解答を確認し合う。班長は面白い解答をメモしてクラス全体に発表する。	10-15分
グループワーク：Exercise B and C p.118, 119	学生は p.118 と p.119 を学習済みであり、Exercise B と C を解答済みである。そこで、グループで解答を確認し合うよう指示をする。	p.118 の Exercises B と C の解答を確認し合う。班長はメモを取り、共通して間違えた箇所をクラス全体に発表できるようにする。	10-15分
スピーチ：Exercise D (Communicate) p.119	学生は宿題として1分間のスピーチを準備してきている。何人かの学生に前に来させてクラス全員に向かってスピーチをさせる。その際、スピーチの時間を測っておく。	何人かの学生はクラスでスピーチをするチャンスを与えられる。リラックスして明確に話すように心掛ける。スピーチの時は原稿を見てはいけない。グループの仲間がスピーチをしている時はそれぞれに対して評価票に記入をする。	20-25分

注

1) 本章で引用した教科書（図1、2、4）の掲載にあたっては、全て出版元の承諾を得ている。
2) 教員は時間を割いて問題の答え全てを教えたりはしない。学生から質問のあった問題だけ答えを教える。こうすることで、コミュニケーションのために時間をより多く割くことができ、質問することの重要性も教えることができる。
3) Moodleとはオンラインで行う学習管理システムの1つで、無料で利用することができる。教員はWeb上でシラバスや講義資料等の掲載が可能となり、アクティブ・ラーニング型の授業を実施するには有益なツールである。
4) グレーデッド・リーダーズを活用したリーディング授業については第Ⅱ部第6章を参照のこと。
5) 松村（2009）によると、skimは要点をすくい取る、scanは情報を探し出すことで、読むものの全体にすばやく目を通して概要を把握する読み方をskimming（スキミング）、目的の情報を検索して読むことをscanning（スキャニング）と言う（pp.156-157）。
6) PE3のクラスで使用するライティング課題用のノートで、各自が用意するもの。
7) WatchlandLearnEnglish, "Subject and object pronouns in English" YouTube. 2017年11月7日公開　https://www.youtube.com/watch?v=XUIL5mFH5y4（3分58秒）

    Shmoop, "Subject and Object Pronouns by Shmoop" YouTube. 2014年7月31公開 https://www.youtube.com/watch?v=4f3a2l9QLxU（48秒）

    これらは文法項目を英語で説明している動画で、教員のワーキンググループで使用するものを選びクラスレベルによって統一したものを提示している。
8) EnglishChannelOnline, "Reflective Pronouns" Youtube. 2007年10月15日公開 https://www.youtube.com/watch?v=sfqjgCvPuM8（2分）
9) Khan Academy, "Indefinite Pronouns / The parts of speech / Grammar / Khan Academy" YouTube. 2016年4月14日公開　https://www.youtube.com/watch?v=gaMFyEravAs（5分02秒）

参考文献

松村昌紀（2009）『英語教育を知る58の鍵』大修館書店

McGary, Carl D.（1992）. Correlation of TOEFL scores with student's educational backgrounds.『洗足論叢』21, 51-66.

文部科学省（2009）「高等学校学習指導要領 外国語編 解説」http://www.mext.go.jp/a_menu/shotou/new-cs/youryou/1282000.htm

＜参考資料＞

資料1　ブックレポートテンプレート

Title of Book
Author: Name
Type of book: Enter type of book here

Introduction
Give an overview of the book. You can replace the picture on the right with a picture of the cover of the book.

Main characters

Character One	Describe this character.
Character Two	Describe this character.
Character Three	Describe this character.
Character Four	Describe this character.

Story
Break the book down into a logical number of sections. This example shows "Beginning," "Middle," and "End," but books often have many more relevant sections.

第 3 章　Practical English クラス

Your name Book report

Beginning
- You could enter text that describes this section.
- Text will automatically get smaller or bigger as necessary.

Middle
- You could enter a quotation here.
- And you might describe the events here.

End
- There are many ways to use these dividers.
- Use your imagination.

Evaluation
Evaluate the book. Did you enjoy it? Would you recommend it to a friend?

Page 2

資料2　グループブックレポート記入用紙

```
Group Book Reports Note Taking          Honcho's Name:
Student Name | Book Name | Type of Book | Questions we asked | Recommendation
```

Type of Book = ex. mystery, comedy, romance, horror, detective, non-fiction etc.
Questions we asked = Please write down any questions that were asked about the book? "How long did it take you to read?" etc.
Recommendation = Does the student recommend that the rest of you read the book?

資料3　スピーチ評価シート

Speech Evaluation Form　　　　　　Speaker's Name:

	0%	10%	20%	30%	40%	50%	60%	70%	80%	90%
Easy to understand										
Interesting										
Good Body Language										
Total										

Speech Evaluation Form　　　　　　Speaker's Name:

	0%	10%	20%	30%	40%	50%	60%	70%	80%	90%
Easy to understand										
Interesting										
Good Body Language										
Total										

第4章 e ラーニング

加藤 千博

1. はじめに

　2005 年に PE のプログラムが導入されて以来、学生には週 3 回の授業に加えて e ラーニングによる自主学習が課されている。通常の授業だけでは学習量が不足するため、それを補うために週に 90 分程度の e ラーニングによる学習を行うことが義務づけられている。しかしながら、教員による管理が十分でなかったため、2016 年度までは学習が学生の自主性に任せられていた。結果、指定された通りに e ラーニングの課題を実施する学生は少なく、一度もアクセスしたこともない学生が大半であった。教員による管理ができなかった理由は大学のネットワーク環境が整っておらず、担当教員が管理者としてアクセスして受講者の進捗状況をチェックすることができなかったためである。しかしながら学術情報センターによる協力によって受講者の進捗状況の管理が可能となった現在、e ラーニングによる学習が出席要件の一部となり必修化されている。以下では現在利用している 2 種類の e ラーニングプログラムの PE プログラムでの位置づけ、導入の背景、現在抱える課題を紹介する。

2. 1 年生用：ALC NetAcademy NEXT〜TOEFL®テスト攻略コース〜

　このプログラムは TOEFL-ITP に準拠した内容となっており、テストの 3 つのセクションであるリスニング、グラマー（文法）、リーディングを学習することができる。テスト自体はマークシート方式であり受動的なものであるが、この e ラーニングプログラムには発音練習や単語やセンテンスをタイピングするエクササイズがあり、能動的な productive skills も練習できるようになっている。

　学生は以下のスケジュールに従って、毎週リスニング、グラマー、リーディングを 1 ユニットずつ学習することになっている。1 ユニットあたり 30 分程度、計 90 分の学習をするように指示されている。第 8 週目と 15 週目は

模擬テストを受け、期末試験である TOEFL-ITP に向けた準備を行う。

　進捗状況は各クラスの担当教員によってチェックされ、学期末に PE センター長に報告される。期末試験の前日までに定められたユニットを全て終えないと、出席要件を満たしていないと判断され、TOEFL 500 点以上をクリアしても単位は認定されない。PE を受講する 1 年生は全員このプログラムの学習が義務づけられている。

<Schedule>
1st Semester

	Listening	Grammar	Reading
Week 1	Registration		
Week 2			
Week 3			
Week 4	Primary Test	Primary Test	Primary Test
Week 5	Unit 1	Unit 1	Unit 1
Week 6	Unit 2	Unit 2	Unit 2
Week 7	Unit 3	Unit 3	Unit 3
Week 8	ITP Practice Test 1（模擬試験）		
Week 9	Unit 4	Unit 4	Unit 4
Week 10	Unit 5	Unit 5	Unit 5
Week 11	Unit 6	Unit 6	Unit 6
Week 12	Unit 7	Unit 7	Unit 7
Week 13	Unit 8	Unit 8	Unit 8
Week 14	Unit 9	Unit 9	Unit 9
Week 15	ITP Practice Test 2（模擬試験）		

※ 3 units per week
※ 3 Primary Tests; 9 units × 3; 2 ITP Practice Tests

2nd Semester

	Listening	Grammar	Reading
Week 1	Orientation		
Week 2	Unit 10	Unit 10	Unit 10
Week 3	Unit 11	Unit 11	Unit 11
Week 4	Unit 12	Unit 12	Unit 12
Week 5	Unit 13	Unit 13	Unit 13
Week 6	Unit 14	Unit 14	Unit 14
Week 7	Unit 15	Unit 15	Unit 15
Week 8	ITP Practice Test 3（模擬試験）		
Week 9	Unit 16	Unit 16	Unit 16
Week 10	Unit 17	Final Test	Unit 17
Week 11	Unit 18		Final Test
Week 12	Final Test		
Week 13			
Week 14			
Week 15	ITP Practice Test 4（模擬試験）		

※ 3 units per week
※ 9 units for Listening; 7 units for Grammar; 8 units for Reading; 3 Final Tests; 2 ITP Practice Tests

3. 2年生用：ALC NetAcademy 2 〜スーパースタンダードコース〜[1]

　2年生には別のeラーニングプログラムによる学習が義務づけられており、1年生同様週に90分程度の学習をスケジュールに従って行う。このプログラムではリスニングとリーディングコースがある。リスニングではシャドウイングの練習があり、提示された音声波形を見ながら発音を真似していく。リーディングではチャンクリーディングの練習があり、スラッシュで切られた意味の塊である句ごとに読むことにより、読むと同時に意味を捉えるトレーニングを行い、リーディングのスピードと正確さを向上させることができる。

　学生は以下のスケジュールに従って毎週リスニングとリーディングを1ユ

ニットずつ学習する。各ユニットの学習時間の目安は45分程度で、毎週90分程の学習をすることになる。このプログラムはレベル1から5までの50ユニットがリスニングとリーディングのそれぞれのコースにあるが、学生はレベル3以上を学習するよう指示されている。このプログラムではTOEFLの練習は行えないが、代わりにTOEICの簡略版模擬テストを受けることができ、第8週目と15週目に学習するようにスケジュールが組まれている。

　1年生のプログラム同様、進捗状況は担当教員によってチェックをされ学期末にセンター長に報告される。期末試験前日までに指定されたユニット全てを完了しないと出席要件を満たしていないと判断され単位は取得できなくなってしまう。

<Schedule>

1st Semester

	Listening	Reading
Week 1	リスニング診断テスト	語彙診断テスト
Week 2	unit 5	unit 3
Week 3	unit 9	unit 10
Week 4	unit 12	unit 16
Week 5	unit 18	unit 22
Week 6	unit 21	unit 26
Week 7	unit 28	unit 32
Week 8	TOEIC Test Practice 1 & 2	
Week 9	unit 35	unit 37
Week 10	unit 39	unit 39
Week 11	unit 44	unit 43
Week 12	unit 50	unit 47
Week 13	unit 4	unit 4
Week 14	unit 7	unit 8
Week 15	TOEIC Test Practice 3 & 4	

2nd Semester

	Listening	Reading
Week 1	unit 13	unit 11
Week 2	unit 17	unit 15
Week 3	unit 23	unit 20
Week 4	unit 25	unit 23
Week 5	unit 32	unit 28
Week 6	unit 36	unit 34
Week 7	unit 41	unit 41
Week 8	TOEIC Test Practice 5 & 6	
Week 9	unit 46	unit 46
Week 10	unit 3	unit 7
Week 11	unit 10	unit 13
Week 12	unit 15	unit 19
Week 13	unit 20	unit 25
Week 14	unit 26	unit 27
Week 15	TOEIC Test Practice 7 & 8	

Level	Listening Unit	Reading Unit
☆☆☆	5, 9, 12, 18, 21, 28, 35, 39, 44, 50	3, 10, 16, 22, 26, 32, 37, 39, 43, 47
☆☆☆☆	4, 7, 13, 17, 23, 25, 32, 36, 41, 46	4, 8, 11, 15, 20, 23, 28, 34, 41, 46
☆☆☆☆☆	3, 10, 15, 20, 26, 29, 34, 37, 42, 48	7, 13, 19, 25, 27, 30, 33, 38, 45, 50

4. eラーニングを利用する理由

　週3回のPEの授業は、TOEFL-ITPの3つのセクションである、リスニング、グラマー（文法）、リーディングから構成されているが、実際の授業ではTOEFLやTOEICのような外部試験対策のための練習は行っていない。授業はあくまでも学生によるコミュニケーション活動が中心であり、例えばグラマー（文法）のクラスでは、ペア・ワーク、グループ・ワーク、タスクワークを用いたコミュニケーション活動を行いながら文法事項を習得していく。授業内でしっかりと発信型の練習を行っておくことでTOEFLやTOEICのよ

うな英語の運用力を測る外部試験への対応が可能となる。しかしながら、期末テストを TOEFL-ITP に設定している以上、何かしらの事前の練習は不可欠であり、さもないと学生の不安も拭い去れない。ALC NetAcademy NEXT（TOEFL®テスト攻略コース）を導入したことにより、TOEFL の学習を授業外で行うことができるようになった。そのため、授業ではよりコミュニケーション活動に専念することができるようになった上に、学生もテストへの準備が自主的にできるようになった。授業だけでは足りない学習時間を e ラーニングによる授業時間外の学習で補うこともできている。過去のデータと比較すると、e ラーニングを指定通り行っていた学生の英語力の向上は目覚ましいものがある。2017 年度より出席要件の一部として e ラーニングを全受講者に義務づけたことにより、PE 合格の早期化が期待できる。週 3 回の授業と週 90 分の e ラーニングでの学習によって、更にバランスの取れた学習が実現する。

　ALC NetAcademy NEXT（TOEFL®テスト攻略コース）に関しては 1 年間で全てのユニットの学習を終えてしまうので、2 年生は ALC NetAcademy 2（スーパースタンダードコース）を通じて学習を進める。TOEFL の模擬練習は 1 年生の時に十分行っているはずなので、TOEIC 練習もできるこちらのプログラムの方が 2 年生には相応しいと判断し、利用している。

5. おわりに

　週 3 回の授業に加えて週 90 分間の e ラーニングによる学習を行えば、確実に学生の英語力は向上する。しかしながら、授業からドロップアウトしてしまう学生は当然のごとく e ラーニングも行っていない。1 年次にドロップアウトした学生が 2 年次から PE のクラスに戻り一生懸命に学習を続けたとしても、1 年次に行うべき e ラーニングによる TOEFL 練習を行っていないと学習量が圧倒的に不足しているため、他の学生とのギャップを埋めることは難しい。1 年次に怠けたのは本人の責任ではあるが、このような学生に対する対応が現実としてはできておらず、これらの学生に対してはせっかくの e ラーニングのプログラムも効果を発揮できない。

　もう 1 つの大きな課題は e ラーニング専属の管理者がいないことである。1,000 人以上の学生が e ラーニングを使用するとなると、どうしてもトラブルが生じてしまう。特に新入生はパソコンに不慣れであったり、大学のネッ

トワーク利用方法に不慣れであったりするため、毎年同じような問題、質問が学生から寄せられる。このような問題を一元的に管理して解決をする人材がいないため、学生への対応が遅くなることや、進捗状況の管理も上手くいかないことが多い。教材の ICT 化と e ラーニングを一元的に管理できる職員もしくは教員がいることが望ましいことは言うまでもない。

注

1) 「ALC NetAcademy 2 〜スーパースタンダードコース〜」を 2017 年度末まで使用していたが、保守サポートの終了期限（2020 年 3 月）が迫っていることから、2018 年 4 月より「ALC NetAcademy NEXT〜総合トレーニング上級コース〜」へと変更した。学習内容が多少異なるものの、週に 90 分間という自主学習の量は変わっていない。

第5章 スピーキング・テスト

五十嵐 陽子

1. はじめに

2014年度から学期末試験として、受動的な英語能力を測る TOEFL-ITP テストに加え、能動的なコミュニケーション能力を測るスピーキング・テストを導入した。スピーキング・テストを実施する目的は以下の2つである。

・受動的な能力と能動的な能力をバランスよく、より公正に評価する
・学生のコミュニケーション活動への動機を高める

本章では、実施開始から4年間が経過した2018年現在におけるスピーキング・テストの概要、実施の背景、実施の効果と課題を紹介する。

2. スピーキング・テスト概要

スピーキング・テストは、各クラスの担当教員と学生が1対1で行うインタビュー方式の試験で、IELTS[1]のスピーキング・テストを簡略化した形式を用いている。学期末の第15週目に各クラスで一斉に実施し[2]、試験時間は1人あたり7分程度で、以下の3部から構成されている。

Part 1: Introduction（日常生活に関する質問）（1.5分）
　"Good morning"などの軽い挨拶の後、教員が学生に家族、勉強、週末についてなどの一般的なトピックについて質問し、学生はそれに答える。Part 1 はテスト全体のウォーミング・アップも兼ねている。

Part 2: Speech（スピーチ）（1〜1.5分）
　教員が学生にトピックと言及すべきポイントが書かれたカード（Speech Topic Card）[3]を渡す。学生は1分間の準備時間とメモを取るための紙と筆記具を与えられ、1分経過後、最大1〜1.5分間（ク

ラスレベルによる）のスピーチを行う。

Part 3: Discussion（ディスカッション）（3分）
教員は学生に Part 2 のトピックについていくつか質問をし、学生はその質問について自分の意見を述べる。

評価方法は、前述した IELTS のスピーキング・テストに使用される「公式バンド評価ガイドライン（SPEAKING: Band Descriptors）」を参考に作成した PE 独自の評価ガイドラインである YCU PEC Speaking Test Rubric（以下 PEC ルーブリック）（参考資料 1）に基づき、インタビュアーである教員が流暢さ、正確さ、語彙、文法、発音などそれぞれのスキルを総合し、1（最低）～5（最高）のスコアで評価する[4]。

3. 実施の背景

スピーキング・テストの目的は前述した通りであるが、テストを導入するに至るには以下のような背景がある。

スピーキング・テストが実施される 2014 年度以前の PE 期末試験は、筆記試験の TOEFL-ITP のみであり、この TOEFL-ITP でスコアが 500 点を超えることが単位認定の絶対条件であった。そのため、学生にとってはコミュニケーション能力の上達を重視した授業内アクティビティや課題の重要性と、TOEFL 試験の重要性のバランスを認識することが困難であった。そうした理由から、コミュニケーション活動は最低限の努力で済ませて筆記試験（TOEFL）のスコアのみを上げようとする学生と、熱心にコミュニケーション活動に取り組むもののスコアに結びつかない学生がいた。結果的に、前者は実用的な能力を、後者は TOEFL のスコアを伸ばすことができない、という悩みを抱える状態であった。

そこで、こうした状況を改善し、従来から行っていた受動的な能力の測定に加えて能動的な力を評価でき、なおかつ学生のコミュニケーション活動に対する動機の向上と維持をする方法の 1 つとして、2014 年度よりスピーキング・テストを PE の評価基準の 1 つとして導入した。

4. 実施の効果

　導入4年を経過した現在、学生に何か変化がみられるであろうか。本節では、テスト実施の効果を考察する。PEセンターでは現在のところ実施効果を測定できるような体系的、客観的データを得るためのリサーチを行ってはいない。それゆえ数字やデータ分析に基づく判断をすることはできない。そこで本節では、実際に教育にあたっているPEインストラクターへの聞き取り調査の結果に基づいて、実施効果を考えることにする。

　ここ数年、PE履修学生の英語スピーキングスキルが向上しており、同時にスピーキングやコミュニケーション活動に取り組む姿勢や態度が過去に比べて前向きで積極的になっていると筆者自身は感じており、同様の意見は同僚教員からも聞こえてくる。さらに、PEがスタートして以来、年々上昇しているPE合格率がここ4年間で更に上昇してきているというデータもある[5]。こうした状況をもたらす要因は様々あるだろうが、スピーキング・テストの実施がその一端を担っているという可能性はないであろうか。そこで、テスト実施の2つ目の目的である「学生のコミュニケーション活動への動機を高める」ことの効果とスピーキング・テストの関連性を探るために、PEインストラクターに聞き取り調査を行った[6]。以下でその結果を紹介する。

　まず、効果について考える前提として、学生の前向きな変化は全員が感じているのかを確認したところ、学生のスピーキングやコミュニケーション活動に関して、回答者全員が何かしらの前向きな変化を感じていることがわかった。主な変化は、スピーキングやコミュニケーション主体の活動に取り組む姿勢や反応が良くなったことである。加えて、実際にスピーキングスキルも以前と比べて向上しているという回答も多かった。ただし、変化の大きさに対する感じ方は以下に示す通り教員によって異なる。

・変化はみられるが、大きな変化とはいえない
・学生の姿勢や動機の前向きな変化は2014年以前からみられている。少なくとも2013年頃から、そして少なくとも1年生は、徐々にコミュニケーション活動に積極的に取り組むようになってきている

　その他にも学生の態度が前向きに変化した例として、以下のような回答を得た。

- 1年生は全員がスピーキング・テストに対し、前向きな姿勢であるようにみえた
- 以前に比べ、クラス内でのスピーキングが前向きになった
- 以前に比べ、学生はスピーキングに対しより動機が高くより積極的に参加しており、スピーキング能力もよくなっている

　次に、この前向きな変化は、1、2年生のどちらにみられるかという点についてはどうであろうか。この問いに関しても、全員が両学年のクラスに変化を感じている。ただし下記に示すように感じ方は教員によってばらつきがある。

- 2年生の方が変化大
- 1年生の方が変化大
- 主に1年生に変化あり。1、2年生共にスピーキング・テストに対し、以前に比べて努力しているという傾向があるものの、大多数の2年生の動機は依然として低い

　程度の差はあるものの、前向きな変化が起きつつあると教員が認識しているということは確認できた。また、下記に示すように、学生がスピーキング・テストへ抵抗感を持っていないという報告もある。

- （テストをすることに対して）誰も不満を述べなかった（2名が同様の回答）
- 現在の学生たちは、スピーキング・テストに慣れてきておりPEクラスの一部として完全に受け入れている

　スピーキング・テスト実施以前と比較すると、導入後は受動的な期末試験と教室内での能動的なコミュケーション活動の二者間の「バランスの悪さ」が緩和されている。それに伴って「バランスの悪さ」から生じる学生の不満や矛盾した気持ちが軽減され、授業内のコミュニケーションやスピーキング活動が「意味のある」ものへと変化したと考えられる。これが、教員が感じる学生の「目的意識（Sense of purpose）」の強まりに影響しているのであろう。
　学生の「目的意識（Sense of purpose）」の向上について、ある回答者は教員

の教授法の変化という視点から意見を述べている。スピーキング・テストの導入は、教員側の授業の組み立てにも影響を与えている。教員は、授業内の活動を全クラス共通の学期末スピーキング・テストにつなげることを視野に入れた授業プランを立てることになり、結果的に、能動的コミュニケーション活動と受動的活動の量やバランスが担当教員によって大きく異なることがなくなった。PE は全クラス共通のシラバスで運営されてはいるが、これまでに学生から PE に対する意見としてよくあげられていた「担当教員によって授業の内容が大きく異なる」という不満の軽減に繋がったのだろう。結果的に学生の学習意欲を無理なく刺激することになっていると考えられる。

　スピーキング・テストの実施が PE 合格率上昇の一要因となっている可能性についても質問してみた。結果は、回答者 7 名中 5 名が「どちらともいえない」と回答し、残る 1 名は「Yes」、もう 1 名は「影響があるかもしれないが、重要な要因とは思わない」と答えている。

　学生の変化については様々な要因があることは当然考えられる。入学時点での学生の TOEFL スコアが以前に比べ全般的に高くなっている事実があり[7]、これに付随していると思われるもう 1 つの要因として 2009 年に公示され 2013 年度に施行された学習指導要領がある。そこには、高校での英語授業は「英語で行うことを基本とする」（p.92）と明示されている。これに伴い高校の英語の授業も変化してきており、多くの学生が大学入学以前にスピーキングやコミュニケーション主体の授業や活動に慣れてきているとも考えられる。したがって、PE 合格率の上昇とスピーキング・テストの効果を直接的に結び付けることは早計ではあるが、スピーキング・テスト導入以降、学生の意識と授業内の活動が良い方向に向いていることは確かである。

5. 課題

　スピーキング・テストには課題も残されている。ここでは、主な 2 つの課題と、その改善への取り組みについて紹介する。1 つ目の課題は PE の評価基準として適正な評価基準ガイドラインを作成することであり、2 つ目は評価の客観性、すなわち公正で均一な評価をどう保っていくかという点である。

　1 つ目の適正な評価基準ガイドラインの作成については、既に改善に取り組みながら現在は第 2 次試行段階に入っている。スピーキング・テスト実施開始の 2014 年から 2016 年前期までは IELTS 公式バンド評価ガイドラインに

基づき評価を行っていた。この公式バンド評価ガイドラインは、評価基準とする項目が細かく多岐にわたる上に項目数も多いため、数分間の会話で全ての項目をチェックしながら評価をすることは容易ではなかった。加えて、全ての項目が PE の評価基準として適切かどうかという点も疑問であった。そのため、評価ガイドラインをシンプルかつより現実のニーズに近いものに改善する必要性について議論を重ね、スピーキング・テスト導入から 2 年半が経過した 2016 年度後期より、課題点を改善した前述の PEC ルーブリックの使用が始まった。新ガイドラインである PEC ルーブリックは、シンプルで見やすいものとなり、教員、学生双方にとってわかりやすいものとなった。その結果、教員にとってはインタビューに集中しやすくなり、学生にとっては、自分のスピーキングスキルに対する評価を客観視しやすくなった。

　2 つ目の課題は、評価の客観性をどのように保っていくかという点である。現行ではスピーキング・テストは各クラスの担当教員が担当クラスの学生をインタビューする形式をとっている。全ての教員は同じ形式、ルール、評価基準に基づいてインタビューを行い、評価をするわけだが、実際に試験でインタビューをする担当教員全員が IELTS インタビュアーとしての正式訓練を受けているわけではない。Part 3 の質問や会話の流れなどに関しては、各教員の裁量に任されているため、評価に若干の個人差が出ることは否めない。この評価の客観性については、TOEFL-ITP 試験のように 100% 客観的なスコアが出る方式以外の多くの実技試験に共通する難しさではある。2 つ目の課題改善への取り組みはまだ始まったばかりというのが現状である。1 つ目の課題である評価ガイドラインについての一定の改善ができた今、この 2 つ目が重点的に取り組むべき課題である。今後この点においては、実施をしながら検討を続け、できる限り全員が公正で均一な評価をできるようなシステムを形づくっていく予定である[8]。

6. おわりに

　以上、スピーキング・テストの紹介と課題について述べてきた。スピーキング・テストの実施は 5 年目を終えるところであり、まだ試行錯誤の段階といえる。この 5 年間にあがってきた課題点の検討や改善も行いながら試行が進んでいると同時に、テスト導入目的の達成については少しずつではあるがよい効果が出てきていると考えられる。今後は客観的なデータの収集や分析

も必要である。学生の更なる実用的コミュニケーションスキル習得への動機づけと実際のスキルの向上につながるように、引き続き検討していきたい。

注

1) IELTS は International English Language Testing System の略称でイギリス、オーストラリアなどの教育機関に正規留学の際に必要とされる英語能力試験。詳細は日本英語検定協会（2017）「Information for Candidates アイエルツ 日本版受験者向け情報」を参照のこと。
2) スピーキング・テストを教員は週 3 回ある PE1, PE2, PE3 の全てのクラスで実施するが、学生はそのうちのどれかのクラスで受験することになる。他の学生がスピーキング・テストを受けている間は教室での自習課題が与えられている。
3) Part 2, 3 で使用する Speech Topic Card にあるトピックと質問は、当該学期中にテキスト内で扱われたテーマを中心に、PE センターで独自に作成されたものが共通で使用されている。
4) 2013 年度前期から 2016 年度前期まではレベル 9 段階の IELTS 公式バンド評価ガイドラインを使用し、2016 年度後期からはレベル 5 段階の PEC ルーブリックを使用している。この評価ガイドラインの変更については、本章「5. 課題」の節を参照のこと。
5) PE 合格率については、第 V 部第 19 章を参照のこと。
6) 「実施の効果」の節を書くにあたって、テスト実施以前から現在まで専任 PE インストラクターとして PE の授業を担当している筆者を含む 7 名の教員に下記の質問項目に回答するという形式で意見を集めた。回答は書面（email）あるいは口頭で得た。各回答者はこの質問項目を渡される前に口頭で「ここ数年、学生のスピーキング・テスト実施の学生への影響と効果について、教員各自の主観や印象に基づく率直な意見を聞かせてほしい」と説明されている。下記が質問項目である（質問と回答は英語で行われ、本節では筆者が日本語に訳した）。
   ＜質問項目＞
   Q1. 学生の PE 合格率がこの 2 年で更に上昇しているが、スピーキング・テスト実施の効果がその要因の 1 つと考えられると思うか。
   Q2. スピーキング・テスト実施以前と以降で、学生に前向きな変化が見られるか（変化は、コミュニケーション活動や他の活動に対する姿勢、動機、態度や反応など）。変化が見られる場合、それはどんな点か（具体的に）。
   Q3. 前向きな変化が見られる場合、それはどのグループに見られるか。

・1 年生　　・2 年生　　・両方　　・その他（自由にコメント）
　　　Q4. その他、追加コメントがあれば自由に記述
7) 入学時の TOEFL スコアの変遷については、第 V 部第 19 章を参照のこと。
8) 2018 年 12 月現在において、評価ガイドラインを更に改善、現行の PEC ルーブリックから大幅に変更した CAN-DO リスト形式のガイドラインの作成を検討中である。

参考文献

日本英語検定協会（2017）「Information for Candidates アイエルツ 日本版受験者向け情報」http://www.eiken.or.jp/ielts/test/pdf/info_for_candidates_japanese.pdf

文部科学省（2009）「高等学校学習指導要領」http://www.mext.go.jp/a_menu/shotou/new-cs/youryou/kou/kou.pdf

<参考資料>

資料1 YCU PEC Speaking Test Rubric (PEC ルーブリック)

YCU PEC Speaking Test Rubric

Score	Student Number	Student Name	Date	Class	Instructor Name

Category / Level	1	2	3	4	5
Fluency / Pronunciation	• speaks with long pauses • gives only simple responses • often unable to deliver basic message • speech is sometimes unintelligible	• usually maintains flow of speech, but speech is slow • pronunciation of most simple vocabulary is understandable • problems with stress and rhythm cause misunderstandings	• is willing to speak at length, though this requires noticeable effort • can usually be understood throughout, though mispronunciation of some words or sounds may reduce clarity	• is willing to speak at length without noticeable effort • is easy to understand throughout	• speaks fluently, any hesitation is content related • is effortless to understand
Vocabulary	• uses simple vocabulary to talk about personal information • does not have vocabulary to talk about more general topics	• can generally talk about textbook topics, though may pause to think of words • does not have vocabulary to talk about less familiar topics	• can talk with some effort about familiar and less familiar topics	• uses a wide range of vocabulary without noticeable effort	• uses vocabulary with full flexibility and precision in all topics
Grammar	• is able to produce very simple sentences • makes many errors unless response is memorized	• is able to produce simple sentences • attempts more complex sentences but usually makes mistakes	• is able to use a mixture of simple and complex sentences • complex sentences contain errors but these usually do not impede understanding	• often produces error free complex sentences, though some errors may persist throughout	• most language is error free with the exception of mistakes that are consistent with native speaker level

第6章 多読活動

長島 ゆずこ

1. はじめに

英語教育においてグレーデッド・リーダーズ（graded readers）とは学習者の習熟度のレベルに合わせて作られたオリジナルの本、または原作を元に文法や語彙、ストーリーをシンプルにした本を指す。グレーデッド・リーダーズには様々な用途があるが、主に第二言語教育、外国語教育の分野で多読（extensive reading）用の教材として使われている。レベル分けされた本を読むことによって、英語学習者は自分のレベル内で好きなジャンルの本を無理なく読むことができるという利点がある。また、映画を小説化した本や、有名な小説をやさしくしたものも多く出版されており、学習者にとってリーディングがより身近になるように工夫されている。

一方、多読（extensive reading）とは、自分のレベルに合うやさしい本を自ら選び、ストーリーの理解に重点を置いて、できる限り多くの本を長期間読み続けることを指す。学習者は英語で多読をすることによって、読解力、単語力、文法力、リーディングのスピード、リーディングに対する姿勢、そしてライティング、リスニング能力まで向上するという相関的な結果が英語教育法の研究から明らかにされている（Day & Bamford, 1998; Nakanishi, 2015）。我が国ではリーディングのクラスは授業内で与えた教材を学生に精読させ、訳読、またはそれに関した設問に答えさせるといったスタイルが未だに一般的だが、多読は本来の読書の楽しさや喜びを感じながら語学学習を同時に行えるという意味で非常に画期的なアプローチである。多読プログラムを実施するには多くのグレーデッド・リーダーズの整備と管理が必要になり、とりわけ初期の負担は大きいが、アジア、特に日本では最近様々なレベルの多くの教育機関が多読を英語カリキュラムに取り入れるようになっている。

2. PEセンターにおけるグレーデッド・リーダーズ

PEセンターには2018年10月時点で598種類、3,762冊の6つのレベルに

分かれたグレーデッド・リーダーズが所蔵されている。主にこれらの蔵書はPE2のリーディングのクラスで多読活動の一環として使用されている。グレーデッド・リーダーズには様々なジャンルがあり、フィクションにはアドベンチャー、ファンタジー、ミステリー、ホラー、ロマンスなど、ノンフィクションには伝記、ドキュメンタリー、エッセイなどがある。また、「パイレーツ・オブ・カリビアン」や「E.T.」など、有名な映画を基にした本も多く揃っており、学生はこれらの原作映画を隣接するLLテープライブラリーで自由に鑑賞できる。PEセンターでは人気本ランキングや本の総合リストを作成しており、学生はそれらを参考にしながら本を選んでいる。また、PEのクラスの受講の有無に関わらず、学生は1回につき1冊の本を2週間借りることができる。現在、PE2（リーディング）の全てのクラスでグレーデッド・リーダーズを用いた様々な多読活動が取り入れられている。1学期で読む冊数はクラスのレベル、教員によって差はあるが、筆者のクラスでは半期15週の期間にTOEFL-ITP 450〜497点レベルのクラスでは最低15冊、または100,000語、400〜450点レベルのクラスでは8冊、または50,000語の本を読むことが求められる。また、早期合格者（AO・海外帰国生・国際バカロレア・科学オリンピック・留学生・社会人・指定校推薦・公募推薦・特別推薦）には入学前にグレーデッド・リーダーズを1冊読み、ブックレポートを提出するという必修の課題が課されている。

3. 多読の導入方法

　前述したように、多読を取り入れる教育機関は増えてきたが、多読をしたことがない、または多読という言葉を聞いたことがない新入生が未だに多いのも現状である。したがって、どのように多読を初期の時点から学生の学習生活の中に取り込むかが重要なポイントであり、教員は学期開始直後、様々な工夫を重ねて導入活動をしている。筆者のクラスでは、PE2（リーディング）のクラス初日にミニレクチャーとディスカッションを行い、学生が多読を始める前に多読とは何か、なぜ多読をするのか、どのような効果が期待できるのか、多読は精読と具体的にどう異なるのかを中心に説明している。受験英語を経験した多くの学生は、自分で読みたい本を選び、自分のペースで読み続けるというスタイルに戸惑いを感じることも多い。英語を熱心に勉強してきた学生は、難しいレベルの本を読んだ方がリーディングの力が身につ

くと思い込みがちであるので、多読が今までのリーディングとは大きく異なることを事前に理解することは非常に重要である。筆者の説明後、学生はリーディングに関する自分の意見、今までの読書習慣、好みのジャンルなどについて、多くの学生の母語である日本語での読書との関連を含めてディスカッションし、現在のリーディングに対する姿勢やこれまでの学習履歴の振り返りをする。これに加え、学生同士でペアを組んで、読みたい本を探すゲームなどをして多読に対する興味を持たせる動機づけを図っている。その後、学生はパートナーと共に1冊目の本を選び、次のPE2のクラスの始めに感想などを報告し合う。1冊目を各自で読むのではなく、パートナーと読むペア・リーディングから始めることによって、学生は英語の本を日常的に読み、読書体験を共有する習慣を身につけるようになる。

4. 評価方法

　多読の本来の目的はリーディングそのものだが、読んだ本のブックレポートが多くのクラス内で評価を目的として、宿題として課される。このブックレポートは学生の読解力を確認するだけでなく、ライティングのスキルアップも兼ねている。ブックレポートの内容や形式はクラスごとに異なるが、読んだ本の要旨と感想、あるいは本の批評から構成されている。筆者のクラスでは、こうした従来のブックレポートに加え、創造性を養いながら授業内でのコミュニカティブな活動に繋がるようなレポートも取り入れている。一例をあげれば、物語のストーリーの流れを絵と文で説明するストーリーボード（参考資料1）、物語の登場人物の関係性と特徴を示したキャラクター・マップ、物語の展開と共に主人公がどのように変化していくかを述べるキャラクター・シートなどがある。筆者のクラスでは、ブックレポートに加えてExtensive Reading Book List（参考資料2）と呼ばれる用紙を使い、どのような本をいつ、どれくらいの時間をかけて読んだかを簡潔に記録している。学期を通じて自分がどれだけ多読の成果を上げたかが簡単にわかるので、学生のやる気を維持することに役立っている。また、振り返りと今後の指導内容の向上のために学生に毎学期末に多読アンケートを実施している。このアンケートの結果の詳細は後述する。

5. 実施方法

　多くのクラスで、学生は PE2 のリーディングのクラスに自分の選んだグレーデッド・リーダーズを持参するよう指示され、決められた時間の間、自分の本を集中して一斉に読む "sustained silent reading (SSR)" と呼ばれる活動も頻繁に取り入れられている（図1）。最初は5分程度しか集中できない学生も徐々に読める時間を増やし、最終的には授業が始まる前や休み時間も読み続ける学生もいる。また、筆者のクラスでは教員も SSR の時間は学生のレベルに合ったグレーデッド・リーダーズを読み、授業内の空いた時間にこれらの本の紹介をしている。こうした活動を通して教員自身がどれだけ多読に重点を置いているかを学生に示すことによって、学生自身も多読の重要性を理解していく。

　授業内で自分の選んだ本を使ってのペア・ワークやグループ・ワーク、プレゼンテーションなど、コミュニケーション重視のスピーキングやライティング活動も行っている。例えば、自分の読んだ本の要約や感想などを共有するディスカッションや、宿題として完成させた前述のブックレポートをもとにクラスメイトとインタビューをし合うロールプレイや、ペア・リーディング後にパートナーと共に、POP（Point of Purchase）（参考資料3）といわれる広告を作成し、他の学生に自分の読んだ本を推薦するプレゼンテーションを行うこともある。これらのスピーキング活動をきっかけに簡単なライティングの課題を課すこともある。

　キャラクター・トークと言われる活動は毎学期授業内で盛り上がる。これは、学生が読み終わった本の中からキャラクターを1人選び、その役になりきって自分のパートナーにストーリーを説明するものである。聞き手はメモを取り、その本を読んでみたいかを決める。これを違うパートナーと繰り返した後、話を聞いたキャラクターの中から1人を選び、そのキャラクターに向けて英語で手紙を書く。授業後、学生はお互いの手紙を交換し、宿題としてその手紙の返事を書いてくる。自分のスピーキングが相手に伝わっていることを手紙という形で確認することができるため、学生に非常に人気のある活動の1つである（参考資料4）。4～5人のグループが同じ本を読み、クラス全体の前でその物語の劇を披露するといった活動も試みている。こうした活動はスピーキングやライティングというプロダクション能力を向上させるだけでなく、自分の読んでいる本を他の学生と共有することによってクラス

そのものがリーディング・コミュニティへと変化し、学生のもっと読みたいという意欲を高める環境づくりに役立っている。

6. 学生の姿勢と多読の効果

多読に対する学生の姿勢は全体的に肯定的と言える。筆者は 2016 年度前期終了時に自身のクラスを対象に多読に関するアンケートを取り、学生の多読に対する意見、感想を調査した。その結果、多くの学生はグレーデッド・リーダーズを読み続けることによって、読解力、単語学習、リーディングのスピードを上げることに役立っていると感じていた。一方で、文法やリスニング、スピーキング、ライティングの 3 技能の項目には学生間で効果にばらつきがあった。クラスで決められた冊数を読み切れなかった学生は、読む時間の確保が難しいこと、自分で読みたい本を選ぶのが難しいことを主な理由としてあげていた。多読を TOEFL や TOEIC、IELTS などの語学検定試験対策に長期的に活用している学生も多くいたことに加え、非常に多くの学生が多読をすることによって、英語の長文を読むことに抵抗感を感じなくなり、8 割以上の学生が多読を始める前に比べてリーディングに対する姿勢が肯定的なものに変わったと答えた。半分以上の学生が PE の単位を取得した後も英語力の維持のため、また純粋に読書を楽しむためにグレーデッド・リーダ

図 1　多読活動の様子

ーズを自分のペースで読み続けたいと答えている。また、筆者のクラスに限った結果ではあるが、より多くのグレーデッド・リーダーズを読み続けた学生がより高得点のTOEFL-ITPのスコアを獲得するという結果が出ている。

7. おわりに

多読は読者の自立性を重視する学習方法であるとみなされてきたが、教育現場で取り入れる際は多読を個人の独立した活動としてみなすだけでなく、クラス全体で関わっていけるように配慮することが重要である。本章で紹介したようにPEセンターでは4技能を使った様々なアクティビティを授業内外で取り入れることによって、多読をPE2のクラスに導入してきた。これらの多読活動は、先述の学生による評価やグレーデッド・リーダーズの1人あたりの平均貸し出し数の増加（表1参照）から見て、総体的に成功していると考えられる。

表1　グレーデッド・リーダーズの1人あたりの平均貸し出し数

年度	2013	2014	2015	2016	2017	2018
貸出数	4858	5476	4650	4449	5909	4601
利用学生数	990	1051	912	808	827	842
平均貸出数	**4.91**	**5.21**	**5.10**	**5.51**	**7.14**	**5.46**

※2018年度は前期のみの集計数

今後の課題としては、グレーデッド・リーダーズの量や質の向上と多読活動に関する教員間の連携強化があげられる。まず、先述のアンケートの自由回答のコメントで、人気のあるグレーデッド・リーダーズの買い足しと、古くなった本の買い替えをしてほしいという意見が多く出た。英語のリーディングが元々苦手な学生からは日本語で既に知っているやさしい内容の本などから始めたいといった意見も出た。また、本のジャンルとして主にディズニー関連や最近の映画を基にした本を読んでみたいと答えた学生が非常に多くいた。これらの要望への対応として、2017年前期に古い本を新しいものと取り替え、新作や最近の映画関連のグレーデッド・リーダーズが550冊ほど増加された。こうした今の学生のニーズにあったジャンルの本や、なじみやすい内容の本を今後も取り入れることによって、より多くの学生が多読活動

を含めて前向きに語学学習に携わっていけるのではないかと期待している。また、教員各々が多読に関して異なる考え方やアプローチをとっており、多様な多読活動が行われているのが現状である。今後は教員間の知識や経験を共有できる場を定期的に設けることによって、多読指導の総合的な質をより高めていくことができると考えている。こうした改善を重ねながら、PEセンターの多読を通じたリーディング・コミュニティを更に活発にしていくことを今後の目標としたい。

参考文献

Day, R. R. & Bamford, J.（1998）. *Extensive Reading in the Second Language Classroom*. Cambridge, UK: Cambridge University Press.

Nakanishi, T.（2015）. A meta-analysis of extensive reading research. *TESOL Quarterly*, 49（1）, 6-37.

＜参考資料＞

資料1　ストーリーボード

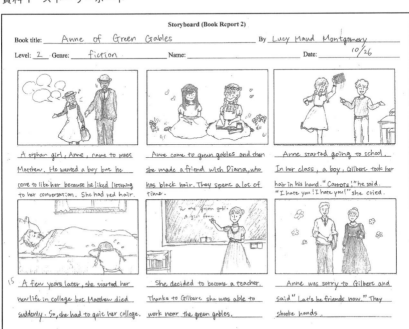

資料2　Extensive Reading Book List

Extensive Reading Record　　　　Name: _____　Class: _____

	Book Title	Publisher	Level	Genre	Start Date	Finish Date	Level rating: 1-5 (1 too easy – 5 too difficult)	Story rating: 1-5 (1 not good – 5 very good)	Page Numbers
1									
2									
3									
4									
5									
6									
7									
8									

資料3　POP（Point of Purchase）

資料4　キャラクター・トークを元にして書かれた手紙

Dear Ugly Duckling,

Hello. I felt very happy after I heard your story. I think you were so sad because of your ugly appearance. And you ran away from your family. It would be very lonely because you should never live without your parents. I'm very sorry to hear that. However, actually you grew up to be a beautiful swan. I was surprised and so glad for that. I was taught important things by your story. It is unimportant that your appearance is beautiful or ugly. I think the most important thing is personality and identity. Distinction from others is wonderful, I thought. By the way, can you fly? I don't know if swans can fly or not. If you can fly, I recommend you to go to see your family. They will be surprised and happy. And I'm happy you can live with your family again. Thank you for teaching me the important things.

Sincerely,
〇〇〇〇

第7章 反転授業

長島 ゆずこ

1. はじめに

　ここ 10 年ほど、反転授業と呼ばれる授業展開方法がアメリカを皮切りに世界で普及し始め、日本の教育現場でも注目を浴びている。簡単に言えば、反転授業とは今までの学習形態の順序を入れ替えることを指す。従来、英語をはじめ授業といえば、教師が授業の中心となり新しい内容を教え、学生はそれを受動的に学び、宿題として授業後に習ったことを復習する形態が一般的である。しかし、反転授業では学生が次の授業で学ぶ内容をインターネット上のビデオ動画等を見て事前に自主学習し、授業中は事前学習で分からなかったところの復習や学んだことの応用などを他の学生と共同作業を通じて学習する。反転授業では学生が授業の中心に位置づけられており、学生がより能動的に活動に取り組めることが利点とされている。また、様々な教育現場から、この反転授業法により学生の学習意欲が上がることに加えて高い学習効果があることも報告されている（Day & Foley, 2006; Lage, Platt & Treglia, 2000）。本章では PE クラスでの反転授業導入の試みについて紹介する。

2. PE センターにおける反転授業

　PE センターでは 2015 年秋にセンター長によって反転授業の導入が提案された。導入にあたり同年後期、PE センターの全専任教員が事前学習に使われるオンライン教材の準備活動を行った。これらの教材は PE センターが管理するホームページにアップロードされた。履修する学生は学期の始めに登録し、各教員が学生の学習履歴をチェックした。教材の開発としては、リスニングにあたる PE1 では教科書のリスニング教材をホームページ上にアップロードし、学生が授業外でリスニング活動をできるようにした。また、各章ごとに教科書の内容に沿った会話活動や、スピーチ、プレゼンテーションなどのアクティビティ・バンクと呼ばれる活動のリストを作成した。リーディングにあたる PE2 でもリーディングの教科書の CD をホームページ上にア

ップロードし、グループディスカッションのガイドライン、章ごとに授業内で行われるディスカッション用のトピックなどをまとめた。グラマー（文法）のクラスである PE3 では、文法事項を説明するビデオ動画をレッスンごとにホームページにアップロードし、内容確認のためのオンラインクイズを作成した。また事前学習をふまえたコミュニケーション重視の活動を多様に含んだ教案をレッスンごとに作成した。

3. 反転授業例

　筆者のクラスでは 2016 年度前期に反転授業方式を実験的に導入した。担当した 2 つのクラスは TOEFL-ITP 450 〜 497 点レベルで、各クラス 21 人の学生が所属していた。ここでは最も反転授業の効果があったと感じられた PE3（グラマー）のクラスの活動内容を紹介する。

　まず学期の始めに学生は反転授業とは何か、何のためにするのかという説明を教員から聞いた後、教員が事前に登録しておいたユーザーネームとパスワードを受け取りログインし、必要な情報を登録した。その後、毎週の文法事項を学習するためのビデオ動画の見方、オンラインクイズの受け方など、事前学習のためのホームページの基本的な使い方を学習した。この後、学生は毎週 PE3 の授業前にこのホームページ上の文法のビデオ動画を見て学習し、オンラインクイズを受け、そして教科書を使って更に反復練習をして授業に臨むことが求められた。授業内では、教師が各週の文法の要点を復習として手短に説明し、教科書の宿題の答えを確認した。各レッスンは事前に学んだ文法事項を使って学生がスピーキングやライティングといったプロダクションに活かせるようになることに重点が置かれている。学生はペア・ワーク、グループ・ワークをはじめ様々な形でコミュニケーション重視の活動を行った。また、学期末には、グループに分かれてビデオ・プロジェクトやライティング・プロジェクトにも取り組んだ。全ての活動は、学生のレベルに合わせ少しずつ段階を踏んで導入され、繰り返し練習できるように配慮した。学生の文法の理解度があまり高くないと感じられた場合は、授業内での文法クイズや、復習のための宿題を課すこともあった。

4. 反転授業の反応（1）：筆者の感想

　反転授業を導入したことによる決定的な効果の1つは、学生の授業内での活発さにある。英語を学習することに対して学習意欲が比較的高い学生が多かったこともあり、学んだ文法を使って他の学生と英語で会話ができるようになることに多くの喜びを感じているように思われた。また、授業は常に学生が中心であるため、90分授業が初めての新入生でも集中力が欠けることがなく授業が行われたことも成果に挙げられる。また、筆者が以前教えた同レベルのクラスに比べて、学生間の関係が非常にポジティブでかつ密接なものになり、PEのクラスへの帰属意識が強かったように思われる。これはコミュニカティブな活動、またコラボレーションを多く含む授業内、授業外での活動を通して学生がお互いに知り合う機会が非常に多かったことを考えると、納得がいく結果である。さらに学期終了後に筆者が気づいたことではあるが、この反転授業が学生に言語学習者として長期的にプラスの影響を及ぼした可能性が見受けられる。すなわち、PEのクラスは学期始めのTOEFL-ITPのスコアをもとにクラス分けがされるが、筆者のクラスでは反転授業後の学期末のTOEFL-ITPにおいてPE単位習得に必要な500点を超えた人数が、反転授業を取り入れなかったレベルが上のクラスよりも多く、結果としてPE合格率も高かったことが1つあげられる。また、先述したように、学生間の関係が深まったこともあり、他のクラスに比べ、筆者のクラスを履修した学生は、次の学期で上級英語にあたるAPEの授業や初習外国語（第二外国語）を履修する学生が多かった。実験的な導入ではあったが、反転授業が学生に語学学習者として長期的に生産的な影響を及ぼしていることが窺える。

5. 反転授業の反応（2）：学生の感想

　学期終盤、筆者は受講者にアンケートを実施し、反転授業に対する反応を考察した。受講者の反転授業に関する感想に基づいて回答内容を分析すると、3つのテーマが浮かび上がることが判明した。まずあげられるのは「楽しかった」「おもしろかった」といった反転授業に基づくコミュニカティブな授業に対する前向きな姿勢である。また、「実践的な力がついた」「スピーキングに対する自信に繋がった」等、反転授業は学習方法として効果があると感じている感想が2つ目のテーマとしてあげられる。最後に、「英語がも

っと勉強したくなった」といった今後の語学学習に繋がるコメントも多く見られた。これらの学生の反応は学期間を通じて筆者が毎日の授業で学生から感じた反応とも一致している。

6. おわりに

　前述の通り、筆者のクラスにおいて反転授業の導入は学生の学習姿勢、学習意欲、学習効果を総合して成功したということができる。しかし、今後筆者のクラスのみならず全ての PE のクラスで反転授業を実施するにはまだ課題が残っており、ここで筆者の体験に対する考察を交えていくつか紹介する。まず筆者にとって反転授業を実施する中での一番の懸念は、学生が実際にホームページのビデオ動画を見て学習し内容を理解しているかということであった。前述のアンケートでも 2 割ほどの学生がオンラインのビデオ動画を「ほとんど見なかった」、オンラインクイズを「ほとんど受けなかった」と答えていた。この事実を考慮すると、この反転授業が成功した理由の 1 つとして、筆者のクラスを受講した学生が既に取り扱う文法事項を理解していたので、ホームページ上のビデオ動画を学生が見ていなくても授業中に行われたその発展版としてプロダクションの練習ができた、とも考えられる。同様に、文法の理解がそれほど足りていない可能性が高い TOEFL-ITP 400 〜 450 点レベルのクラスでは、ビデオ動画による事前の自主学習のみではサポートが足りない可能性がある。また学習意欲がそれほど高くない学生には、具体的な外因的動機づけがないと事前学習をしてこない場合もあり得ると思われ、これらの学生間の学習に対する温度差はクラス全体のアイデンティティ（帰属意識）やまとまり（集団結束力）を損ないかねない。

　さらに、教師側の課題として、既に PE の授業内でコミュニカティブ・アプローチは実践されているが、反転授業を全体的に導入するとなると、教師の授業準備のための負担が従来の授業スタイルよりも大きくなる。したがって、PE クラスのレベルごとに教員同士の連携を強化し、授業内容だけでなく、授業方法のコツなども更に建設的に共有していく必要があると思われる。このように、反転授業の全体的な実施に関してはまだ解決しなければならない課題もあるが、世界中での反転授業の効果の報告や筆者の実験的な導入の成功例を見ても、今後多くの期待が寄せられる授業方法であることは間違いないといえる。

参考文献

Day, J. A. & Foley, J. D. (2006). Evaluating a web lecture intervention in a human-computer interaction course. *IEEE Transactions on Education*, 49, 420-431.

Lage, M. J., Platt, G. J. & Treglia, M. (2000). Inverting the classroom: A gateway to creating an inclusive learning environment. *The Journal of Economic Education*, 31, 30-43.

第Ⅲ部

Practical English センターの活動

第8章 コミュニケーション・アワー

大橋 弘顕

1. はじめに

　Practical English センター（PE センター）では学生が英語に関する相談をしたり、英語で会話をしたりする時間としてコミュニケーション・アワー（以下 C・H）を設けている。学生は PE センターで行われるセッション（月～金の昼休み時間に加え、月、火、木には午後 4:15 ～ 5:15）に予約なしで参加できる。ただし、月曜日から木曜日の昼の時間帯に限り参加資格に制限（Practical English（PE）または Advanced Practical English（APE）受講学生に限る）を設けている。PE センターの専任インストラクター陣がこの業務を担当している。一言に C・H といっても、担当するインストラクターによりその内容は異なる。本章では、C・H の風景を描写するとともに、2016 年 6 月に行った「利用者アンケート」（計 25 名）の結果から利用者の横顔、C・H の効用について報告する。

2. コミュニケーション・アワーの活動

2.1 英会話

　C・Hは、学生と PE インストラクターが英語で会話をする時間である。PE の授業数が多い曜日（月、水、金）には 10 名を越す学生が PE センターに集まる（図 1 参照）。歓声や、笑い声が PE センターのあるフロアー中に響くほど大変賑やかな時間である。PE センターには "Topics for Conversation"（C・H を円滑に行うための話題リストで全 20 ページ）が用意されているが、通常はインストラクターや学生自身が自由にその日のトピックを選択している。過去に訪れた場所や最近見た映画や音楽などについて映像などを見せながら紹介して学生に話題を提供するインストラクターや、週末に何をしたか、休みの予定、巷で話題のトピックスや学校生活などに関してざっくばらんに学生と対話するインストラクターもいる。話者同士の年齢、社会的地位、親密度などによってコミュニケーション作法が変化する「日本型」の対話ス

第 8 章　コミュニケーション・アワー

図 1　コミュニケーション・アワーの様子

タイルとは対局的に、参加者の関係は基本的にフラットな「北米型」である。もちろん、対話の流れによっては学生同士が意見を交換する。1つの話題に限定して話すというよりも、話題は対話の中で変化していく。このような対話スタイルを北米では"small talk"と呼んでいるが、参加者の語学レベル、嗜好によってはそれが時に将来の夢や人生の意義、幸せの定義など、より本質的な話題（substantive topics）に及ぶこともある。トピックはめまぐるしく変化し、学生の意図的な参加をもって（意見を述べる、ディスカッションする、フィードバックを与える等）深みを帯びていく。

2.2　語学留学準備

　夏季及び春季語学研修（語学スキルを高めることを目的とした短期海外研修プログラム）に参加する学生のなかで、英語コミュニケーション力にやや欠けると判断された学生には渡航前にC・Hの参加を義務づけている。派遣先では、教員、ホストファミリー、他国からの学生らと直にコミュニケーションをしなければならないため、少しでも学生の不安を解消することと、事前学習の重要性を学生に認識させる目的がある。必要と判断された学生は週に1回、計7回の参加が必須となり、2018年度前期には、13名の学生が夏の語学留学に備えC・Hに参加した。

2.3 個別相談

C・Hは通常1～2名のPEインストラクターが担当している。学生との英会話が主であるが、英語に関する個別相談の希望者がいれば、インストラクターが2名いる場合は1名がそれに対応する。筆者が2016年度前期に計15回担当したC・Hでは5件の個別相談があった。要件は留学渡航先の相談、留学出願エッセイの添削や資格試験（英検1級のスピーキング）対策、インターン選抜などの面接対策やプレゼンテーションの練習などであった。英検及びインターンの面接対策では実戦形式の模擬試験を繰り返し行った。対策の不十分な学生の場合は、質疑応答の内容理解や、思考のまとめ方などから取り組んだ。個別相談は英語の「駆け込み寺」、又は病院の「救急病棟」にたとえられる。学生たちは各々の目標と現実の狭間で切羽詰まった状態で来る場合が多い。担当インストラクター陣は学生の様々な要望に柔軟に対応することが求められる。

3. 学生の横顔

3.1 参加学生の流動性

横浜市立大学には4,889人（2015年5月1日時点）の学生が在籍していたが、同年6月中にC・Hに訪れた学生は延べ25人であった。将来をにらんで英会話力を伸ばしたいと考える学生は少なくないはずだが、そのための手段としてC・Hを利用している学生は現状1%にも満たない。図2からはその過半数近くが1年生であることが分かる。図3からはC・Hには決まったメンバーが繰り返し参加していることが分かる。週に2回以上訪れる学生が62%、そしてほぼ毎回訪れる学生も2人いた。図4からは過半数以上の学生が英語力向上を目指して訪れていることが分かる。これらの数字は、C・Hには英会話上達を目指して決まったメンバーが繰り返し訪れていることを示している。

3.2 自主コミュニケーション・アワー

受講生の流動性を高めるために、2016年度前期より、C・Hの参加資格に制限を設けた。参加メンバーの固定化には弊害もあり得ると判断したためであり、月～木の昼時間に限りPEまたはAPE受講生のみを対象とした。それ以外の学生に対しては金曜の昼、または各曜日の夕方に門戸を開いた。する

第8章　コミュニケーション・アワー

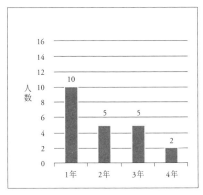

図2　利用者の学年　　　　　　　　図3　利用頻度

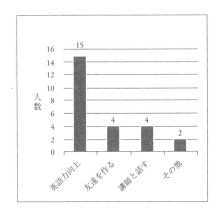

図4　利用動機

とC・Hを頻繁に利用できなくなったそれまでの固定メンバーたちが有志で集まるようになった。PEセンター長に掛け合い、空いているゼミ室の使用許可を取りつけ、PEインストラクターからボランティアを募った。自主C・Hの誕生である。筆者も数回にわたり自主C・Hを担当させてもらった。主たる参加学生がC・Hの参加資格（APE受講生となる）を得るまでの1学期間継続された。

3.3 参加学生の特徴

　C・Hに訪れる学生の特徴として、具体的な目標があること、海外経験を有すること、または海外に興味があること、そして能動的なコミュニケーション・スタイルを好むことがあげられる。目標としては将来英語を活かした仕事をしたい、海外で仕事をしたい、海外でのインターンシップに参加したい学生が多い。海外での生活や経験などに興味関心があるからこそ継続して通っているともいえよう。C・Hは学生がインストラクターと英語でコミュニケーションをする場であり、文化が異なる者同士のコミュニケーションつまり異文化コミュニケーション実践の場といえる。Byram（1989）によれば、異文化コミュニケーションには態度、技術、知識、そして言語能力の4つの項目が必須だが、その中で鍵となるのが「態度」だと述べている。お互いが対等な関係でやりとりするために、新しい信念、価値観、世界観を学ぶことにオープンでいるという「態度」である。常連組になると、語彙力や表現の精度に差異はあるものの、流暢に英語を操る。そして、一般のPE受講生との顕著な差は、彼らの前向きで能動的なコミュニケーション・スタイルである。

4. コミュニケーション・アワーの効用

　コミュニケーション・アワーを利用した結果、英語力が向上したと考えている学生は15人（63%）であった（図5参照）。しかし回答者の中にはアンケート時に初めて参加した学生が数人いたので、実質はもっと高い数字になるであろう。図6からは、学生は会話力、リスニング、そして社交術の順に効果を感じていることがわかる。C・Hに足しげく通う学生の1人である3年生は先日、英検1級のスピーキング試験に合格したことを伝えてくれた。「将来英語を武器に社会で活躍したい」と語るこの学生は学外で英語に接する機会がほとんどないため、PEセンターを有効に活用している。対話中に理解できなかった単語や表現などをノートにメモをする姿が印象的であった。本人のたゆまぬ努力と、C・H内での経験とが結果に結びついた好例であろう。また、筆者が担当したC・Hでは海外インターンシップの選考に合格した学生が3人いる。そのうち2人はC・Hの常連であった。1年前の彼女たち（共に筆者のPEクラス受講生）は堂々と英語を話すことができなかったことを覚えている。英語を発することに気後れしなくなった結果、

fluency（流暢さ）が格段に良くなった。語彙力などは一般の同学年の学生とそれほど変わらない印象だが、彼女たちからは「コミュニケーションをしたい」、「理解したい」、「楽しみたい」という意思が伝わってくる。

アメリカのベストセラー作家、Elizabeth Gilbert の著書に "Parla come magni" という言葉が出てくる。Gilbert が留学先のイタリアでたどたどしく会話をしている時、イタリア人から受けたアドバイスである。英訳すると "Speak the way you eat" である。「人に何か重要なことを説明する時や、気の利いた表現が思い当たらないような時には、イタリア料理のレシピのようにただただ、シンプルに言葉を発せよ」というメッセージだそうだ。我々日本人は「英会話」を学ぶ時、または指導する時に、文法、語彙力、イントネーションなどを正しく習得することにフォーカスし過ぎるのかもしれない。それらは英語の上達には欠かせない要素だが、Byram（1989）が指摘するように異文化コミュニケーションにおいては1つの要素に過ぎない。

C・Hで英語力が伸びたと答えた学生（図5）のうち、会話力が伸びたと返答したのが約半数（10人、45％）であった（図6）。「前よりも気楽に英語が話せるようになった」「完璧でなくても通じることが分かったので積極的になれた」等、英会話に対する心境の変化を指摘するコメントが特徴的であ

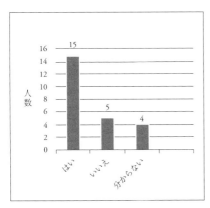

図5 「英語力が伸びたかどうか」への回答

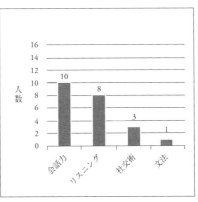

図6 「どこが伸びたか」への回答

った。異文化コミュニケーションの鍵となるのが「態度」であることは先に記した通りであるが、同様にコミュニケーション技術も大切な要素である。例えば、日本型のコミュニケーションと北米型のそれでは「理想の会話」に対する認識が異なることが報告されている。一般的に日本では"considerateness style"（配慮重視）型が多く、一方北米は"high-involvement style"（関わり重視）の傾向がある（Tannen, 1984）。日本では相手に対する気遣いが大事で、相手の話の腰を折らずに最後まで聞くことなどが重要視される。他方、北米ではお互いが自己開示をしながら、考えを伝えたり、意見を交換したり、感情や要望を述べる行為をよしとする。このようなコミュニケーション・スタイルの相違が期せずして相手に悪印象を与えてしまう場合が報告されている（重光, 2013）。スムーズな異文化コミュニケーションには言語能力はもとより、相互のスタイルを理解、尊重し、歩み寄る姿勢が一助となる。C・Hに足しげく通うことは、異文化コミュニケーションのなんたるかを肌感覚で身につけることに通じている。

5. コミュニケーション・アワー以外の学生対応について

　最後にC・H時間外の学生対応について触れる。PEセンターの専任インストラクター陣には時間の許す限り学生対応を行うことが期待されている。研究室のドアを意識的に少し開けておくインストラクターが多い。そのドアの隙間から、学生が助けを求めて入ってくる。この場合の多くが自分の教え子や元教え子たちである。英会話の相手をしてほしい、TOEFL及びTOEICの勉強法や問題の解き方、留学に関する相談にのってほしいなどの様々な理由で研究室を訪ねてくる。相談案件は総じてC・Hでの個別相談と似通っているが、学生の背景を理解している分、一歩踏み込んだアドバイスをすることができる。つい先日も、英会話上達のために大学を半年間休学して海外で過ごしたいがどう思うかと尋ねられた。このような質問に対応するには、PEのインストラクターとしてのそして1人の人間としての力量が問われる。
　次に英文ライティングに関する相談対応があげられる。具体的には出願エッセイ、そして英語で書かれた卒業論文の添削である。留学を希望する学生は、出願のプロセスにおいてエッセイの提出を求められる。ある特定の題において、A4用紙に1〜2枚程度のエッセイを書く。出願エッセイは合否に重要な影響を与える要素の1つであるため、1人の学生にかなりの時間を割

いて対応する必要がある。次に卒業論文のチェックがあげられる。国際教養学系の学生は卒業論文要旨を日本語と英語の両方で提出する必要がある。希望学生に対してPEインストラクターが添削指導を行っている。また、研究論文を英語で書いた大学院生には数か月がかりで対応した。

6. コミュニケーション・アワーの現状

2018年になり、C・Hの参加者は大幅に増加した。2015年6月度は延べ25人の参加者数であったが、2018年同月は322名であった。13倍近くの増加である。理由は3点考えられる。1つ目は前述した、参加者の流動性を高めるために行った参加制限、次に、クラス課題として参加を義務付けたPEインストラクターの存在、そして語学留学準備での利用などがある。PEセンターは連日賑わいを見せている。

7. おわりに

C・Hは異文化コミュニケーションの実践の場として、また英語で困った時の駆け込み寺として、そして語学を通して新たな仲間を育む場として機能している。昨今、日本大手企業が国内で積極的に外国人を採用し、職種によっては隣の席が外国人になることが十分考えられる時代である。また、日本人同士でも「社会格差」の拡大に加え、「世代間ギャップ」が存在する。つまり、平田（2001）が「対話」と定義する、よく知らない者同士が「知らない」ということを前提として行う意識的なコミュニケーション・スタイルが求められている。C・Hでのコミュニケーション・スタイルは、参加者が限定しているので、平田（2001）が定義するよく知った者同士の気楽な「会話」にならざるを得ないケースも多々見受けられるが、基本的には対話型である。このような時代に対話の作法を会得する機会が設置されていることは、普段その機会に乏しい日本の大学生にとっては、とても有意義なことだと感じる。個人的には学生や担当教員が考える以上に有意義な学びがそこにあると感じている。一方、学生にとってはその必要性を明確に認識し、行動に移すことこそが難しいのかもしれない。学生を対話の世界に導くために、C・Hの認知を高めるなどして学生の背中を押してあげられるよう更に試みていきたい。

参考文献

Byram, M.（1989）. *Cultural Studies in Foreign Language Education*. Cleveland, England: Multilingual Matters.

Gilbert, E.（2007）. *Eat, Pray, Love*. London: Bloomsbury Publishing.

平田オリザ（2001）『対話のレッスン』小学館

重光由加（2015）『日・英談話スタイルの対照研究——英語コミュニケーション教育への応用』ひつじ書房

Tannen, D.（1984）. *Conversation Style: Analyzed Talk among Friends*. Norwood, NJ: Ablex.

第9章 ライティング・センター

Brennen L. Terrill

1. はじめに

　ライティングセンター／ライティングラボは、大半のアメリカ高等教育機関で提供されている重要な学生サポートの場である。ライティングセンターが初めて設立されたのは20世紀初頭であり、高等教育レベル（大学・短大・専門学校等）においてライティングが重要視されてきた証である。日本ではライティングセンターの歴史は浅く、早稲田大学が日本初のライティングセンターを設立したのは2003年であった。以降ライティングセンターの立ち上がりは遅く The Writing Centers Association of Japan に登録されているライティングセンターはわずか13か所のみである。横浜市立大学は学術レベルのライティング技術の習得を希望する学生向けに日本で14番目となるライティングセンターを2016年9月に創設した。それにあたってライティングの専門家（筆者）をPEシニア・インストラクターとして採用している。本章ではPractical Englishセンターに付随するライティング・センターが提供するサポート、利用状況、予約手順、コンサルテーションの流れ、実際に行ったコンサルテーションの内容を紹介し、最後にコンサルテーションを繰り返し受けることの意義を述べる。

2. ライティング・センターが提供するサポートと利用状況

　ライティング・センターはライティングラボと違い、いわゆる「ネイティブチェック」といわれる文法や語彙の訂正のための場所ではない。センターでは書き手が読み手にメッセージを正確に論理的な表現で伝えるために、高いレベルのライティングを意識した指導を行う。ライティング・センターは様々なサポートを提供している。主なサポート例としては、ブレインストーミングのためのアイデアや要点の洗い出し、論文構成の手法の提示、論点や文章を的確に伝えるためのスキル向上のサポートなどである。さらには、学術分野に適したスタイル（例：社会科学分野はAPA、人文科学分野では

MLAなど）で論文を執筆すること、盗作・盗用禁止の重要性なども指導している。

学生が執筆するのは、抄録作成、卒業論文、インターンシップ応募のためのエッセイ、海外留学の出願論文、研究レポートなど多様である。プレゼンテーションやスピーチ原稿に関してもコンサルテーションを提供しているが、このサポートシステムを頻繁に利用した学生が「2016年第5回全国学生英語プレゼンテーションコンテスト」の最優秀賞を受賞するまでに至った[1]）。

ライティング・センターの設立以降、需要は供給を大幅に上回っている。2016年度後期にライティング・センターのインストラクターが実施したコンサルテーションは180回に及び、このうち93回は初めてセンターを利用した学生、残りはセンター利用が2回以上の学生だった。コンサルテーション平均時間は28分で、後期だけでも合計83時間のコンサルテーションが実施された。事前予約なしでセンターを訪問した利用者もいたが（39名）、利用者のほとんどが24時間前に予約をした学生だった（141名）。ライティング・センターの稼働率（実際に行われたコンサルテーション数÷コンサルテーション時間枠数）は90％以上となった。12月は学期末レポート提出期限の1か月前ということもあり利用者が殺到したため、全ての利用者にはコンサルテーションが提供できないほどセンターはフル稼働状態となった。

3. コンサルテーションの予約手順

ライティング・センターの予約手順を紹介する。利用希望者は週4日のうち自分のスケジュールにあった時間枠を予約する（表1参照）。利用者には希望するコンサルテーション日時の24時間前にメールでの予約を推奨しているが、リピート利用者は1週間前から予約をする傾向にある。また同一利用者による複数予約を防ぐため、48時間以内に予約できるコンサルテーション時間枠は1回としている。PEセンターの掲示板に2週間分の予約状況が掲載されているため、ライティング・センターに問い合わせをする前に予めカレンダーを見てスケジュールの空き状況を確認できる。もちろん、空きがあれば事前予約なしでライティング・センターを利用することは可能だが、予約なしの利用者の数は多くはない。

第 9 章 ライティング・センター

表1 ライティング・センターの1週間のスケジュール

月曜日	水曜日	木曜日	金曜日
12:50-13:30	12:50-13:30	10:30-11:10	9:50-10:30
13:35-14:15	13:35-14:15	11:15-11:55	10:35-11:15
14:20-15:00	14:20-15:00		11:20-12:00
			12:50-13:30
			13:35-14:15
			14:20-15:00

4. コンサルテーションの流れ

　利用者が直接ライティング・センターを訪問し、コンサルテーションが実施される。センターは他の施設や教室から独立した場所に設置され、利用者のプライバシーに配慮している。利用者がPCを利用してメモを取ったり、コンサルテーションを受けながらレポートを修正できるようにワークステーション（個別ブース）も用意されている（図1参照）。ライティング・センターのインストラクターが利用者をセンターに招き入れ、利用者の名前、学籍番号や学年、専攻、ライティング・センター利用目的をヒアリングする。利用者がどういったライティング関連の課題を抱えているかを特定した後で、インストラクターがコンサルテーションの流れを説明する。

　インストラクターが利用者と向かいあうのではなく、隣に座りながら原稿

図1　ワークステーション（個別ブース）　　図2　コンサルテーションの様子

95

チェックやフィードバックを行う（図2参照）。利用者の目的にもよるが、まずインストラクターは原稿の内容をしっかり理解するために一度声に出して読む。利用者が自分のライティングに集中できるようにするためである。ライティングコンサルテーションでは文法の間違いを直接指摘することはない。しかし、インストラクターが原稿を声に出して読むことは、利用者が自らの間違いを見つける重要な手段となる。読み手は原稿に間違いがあると読むスピードが遅くなり、ストップしてしまう。これにより、直接的なフィードバックがなくても、学生自らが不適切さに気がつく。その後、原稿に関してコメントをするために再度インストラクターが原稿を読み上げながら、学生に質問を投げかける。例えば、修正が必要な部分に関して次のような質問をする。

> 例：What do you mean here?
> （これはどういう意味か？）
> What is the connection between these two ideas in this paragraph?
> （このパラグラフにある2つの概念はどういうつながりがあるのか？）

これに対して、学生は自分が表現したい内容を説明する。それに続いてインストラクターは以下に示すように自分の言葉で書き直すように促す。

> 例：Great! Your explanation was clear, please write it that way.
> （いいね！ 説明も明確だったのでそのように書いてみよう。）

このようなやりとりがコンサルテーションの90％以上を占めている。インストラクターと利用者がブレインストーミングをしても原稿を改良できないこともまれにある。その場合は、インストラクターが単語、文章の構成方法、あるいは掘り下げたほうがよい部分を指摘する。

　どのような状況下でもインストラクターが利用者に考え方や文章構成を押しつけたりはしない。あくまでもインストラクターの役割は利用者のライティングスキル改善のサポートであり、利用者に代わって考えたり原稿を書き直したりすることではない。"You must write it this way."（このように書かなければいけない！）といった断言的な指導をするのではなく、あくまで"I think you might be trying to say A or B. What do you think?"（おそらく君の言いたいことはAかBじゃないの、どうかな？）といった利用者に選択肢を提示することがベストである。

5. コンサルテーション内容とリピートクライアントについて

　2016年度後期に行ったコンサルテーション内容は表2に示す通りである。センターを訪れた学生の半数近くは提出期限が迫っているライティング課題を持参した学生であり、1名の学生に対して1回のコンサルテーションを実施した。その他はレポートの下書きを何度も修正し、修正したレポートを改めてチェックしてほしいというリピートクライアントであった。同じ題材を何度も修正するためにライティング・センターを活用することこそ、学生にとっての長期的な利益につながる。それはライティング・センターで学んだことをライティングスキル向上に活かし、再度センターに来て概念、言語、構文を確認できるからである。また学生とインストラクターがコンサルテーションを繰り返すことで修正が必要な部分を重点的に改善できる。コンサルテーション終了後もインストラクターと学生が次のセッションに向けてメールで連絡を取り続けることも頻繁にある。

表2　2016年度後期に実施したコンサルテーションの種類

回数	コンサルテーションの種類
43	要約作成
43	大学院レベルの論文
20	大学レベルの卒業論文
21	授業で課せられたライティング関連の宿題（PE・APE）
14	授業で課せられたライティングの宿題（ゼミ・講義）
10	スピーチ原稿
9	海外留学申請書及びエッセイ
7	インターンシップ申請書及びエッセイ
6	テスト準備のためのエッセイ（英検、IELTS、TOEIC）
7	その他

6. おわりに

　ライティング・センターは横浜市立大学という大海の孤島ではなく、様々な学部・学系や教授陣と密に連携している。PEとAPEを履修する学生に通常の授業の枠を超えて、英語のライティングスキル向上のためのリソースを提供している。またライティング・センターはPE、APEクラスを担当するインストラクター向けのリソースでもあり、ライティングカリキュラムを共通化するための指導要綱を作成する場でもある。2016年度後期には大学レベルの学術研究論文執筆の基礎を重点的に教える目的のAPE Ⅲコースの導入をライティング・センターが推進した。また国際教養学系と連携し、卒業論文の英文要旨作成が必要な学生向けに、要旨の書式や書き方を指導している。国際教養学系では卒業論文の要旨を英語で執筆することが必修であり、PEセンターのインストラクターの指導を受けるように推奨している。ライティング・センターではインストラクター向けに添削ガイドを提供し、学生が添削を受けた部分をよりよく理解し、今後のスキル向上に活かせるようにサポートしている。

　PEセンターのセンター長及びインストラクターはライティング・センターが設立される以前から、ライティングに特化した学生へのサポートが必要だと感じていた。ライティング・センターがここまで短期間で成功を収めたこと、またライティングに対する圧倒的な需要が存在することは、学生がライティングへのサポートを切望していたからである。このような成功と需要は学生がライティングを学びたいと思っていることの裏付けであり、学生の要望に全力で対応することが我々教育の専門家に課せられた任務である。

注
1) ライティング・センターを利用した学生の活躍事例は第Ⅴ部第19章を参照のこと。

第10章 教員研修

加藤 千博

1. はじめに

　PEセンターでは現在4種類の英語科教員研修を実施しており、そのうちの3種類が現職教員を対象とし、残りの1つは教員志望の学生を対象としている。現職教員向けの研修には、横浜市立高校英語科教員を対象に年1回実施しているワークショップ型の夏季研修、横浜市立高校と神奈川県立高校の英語科教員を対象にした年2回の研修、そして、中学校教員を対象とした1年間にわたる派遣研修がある。いずれの研修においても主たる目的は、「英語の授業を英語で行う」ための教授法を習得することである。いずれの教員研修も横浜市教育委員会からの要請に基づいて始まったものであるが、なぜ横浜市立大学にこのような依頼が来るようになったのであろうか。それはPEセンターが展開する英語の授業方法にある。横浜市立大学ではTOEFL-ITP 500点相当を進級要件としてPractical English（PE）という授業が全学的に展開されている。そして英語教育全般を統括・運営する組織としてPEセンターが設置されている。PEの授業方針の柱には以下の3点がある。1）授業は全て英語で行う、2）コミュニケーション重視、3）教員はTESOL（英語教授法）の専門家であること、である。2007年度に設置されたPEセンターによるこれらの方針のもと、着実に成果をあげ、2年次終了時でのPE合格率（在籍者数全学部合計に対するPE合格者数の割合）は2017年度末（2016年度入学生）で96.1％である。年ごとに合格率は上がっており、大学の内外で高い評価を受けている。これらの点が着目され、まずは高校教員研修から始まり、中学教員研修も実施することとなった。加えて、教員を志望し教員採用試験を受験予定の学生向けの研修も実施している。

2. 高校教員研修

　2012年度から毎年夏に横浜市立高校英語科教員を対象にワークショップ型の研修を行っている。当初は「英語の授業を英語で行うためにはどうすれ

ばよいか」が課題であったが、現在は「生徒中心の授業を行うにはどうすればよいか」へと課題がシフトしてきている。

　8月初頭の1日を費やし、各市立高校から1名ずつが参加して実施されている。午前中は、PEの授業方針であるオールイングリッシュやコミュニケーション重視、学生中心をテーマとした小講義とPEインストラクターによる模擬授業を行う。午後は参加者である教員の模擬授業とその内容や手法に対するディスカッションを行っている。「オールイングリッシュ」「生徒中心」「能動的学習」などをテーマとした模擬授業を行うことで、自身の授業力の向上と参加者同士の情報交換の場となっている。模擬授業では参加者が生徒役となるため、普段とは異なる立場から授業に参加することができ、客観的に授業を考察することができる。

　夏のワークショップの他にも、年に2回の教員研修を実施している。毎回横浜市立高校から10名と神奈川県立高校から10名の現職教員が参加している。2013年度に始まったこの研修では、PEの授業を見学した後にディスカッションを行い、見学した授業方法をいかに高校の現場に取り入れていくかを検討する。高校と大学の英語教員が意見交換をすることにより、双方が抱える現場での問題点や相手側への要望を理解しあうことができ、高大接続の有意義な場となっている。また授業を公開するPEインストラクターにとっても、高校教員から質問や助言をもらうことで、英語教師としての成長につながる。

　授業参観後のディスカッションでよく話題となるテーマが大学入試である。オールイングリッシュでコミュニケーション重視の授業をしたいが、コミュニカティブ・アプローチでは入試対策に対応しきれない、というのが大方の参加者の反応である。進学校であればあるほどその傾向は強く、受験という縛りのない大学での授業を羨ましく思われることが多い。横浜市及び神奈川県の高校教員の英語レベルは非常に高く、英語力不足でオールイングリッシュの授業ができないのではない。能力は十分に備えているが、大学入試を控えた生徒と保護者、そして上司や他教科の同僚からのプレッシャーがあって、コミュニケーション重視の授業を行うことができないのが現状のようである。そこで我々が説明するのが、PEを受講している学生の意識の変化についてである。横浜市立大学の学生は、英語の単位を取得するためにはTOEFL-ITPという紙媒体の受動的なスキルを測るテストで高スコアを取らなければならない。入学当初は、試験対策の問題集を使って以前と変わら

ない詰め込み方式による勉強を行うことに終始しようとする学生が多い。しかし、PEやAPEを受講して1か月も経つと、そのような学習方法では授業準備、ひいては単位取得に繋がらないことを認識し始め、コミュニケーション重視の学習スタイルへと変化していく。結果、ほとんどの学生が基準点に到達し単位を取得する。

　確かに現行の大学入試問題は英語の運用力を測るというよりも知識を測るものが多いという指摘がある。2020年度に予定されているセンター試験から大学入学共通テスト（仮称）への移行に伴い、4技能（読む、書く、話す、聞く）を測る試験に変われば、高校の授業もコミュニケーション重視へと大きくシフトすることが予想される。それに備えて各教員が準備しておくことは必要であり、その一助となることを願ってこのような教員研修を提供している。2003年に開設された横浜市立横浜商業高校の国際学科はコミュニケーション重視の英語授業を実施しながらも優れた大学合格実績をあげている。横浜商業高校のカリキュラムをPEセンターも参考にしており、他の高校の良きお手本でもある。今後は連携して教員研修を展開していければと願っている。

3. 中学校教員派遣研修

　2014年度から毎年2名の中堅若手の中学教員が研修を受けている。これからの横浜市の英語教育をリードしていくことを期待される先生たちが、受動的な学習スタイルから能動的な学習スタイルへとシフトさせるための授業方法を習得し、同僚へと広めていくことを使命として参加している。本研修は横浜市教育委員会からの業務派遣と位置づけられており、PEセンターでの様々な業務に携わりながら自身の英語力と授業力の向上に努めることを目的としている。主な業務は、1）アシスタントとしてのPE授業への参加、2）APEの聴講、3）「英語科教育法」等の教職科目の聴講、4）教職科目での模擬授業、5）英語能力試験の受験、6）海外研修（2～5週）、7）PEセンター業務の補助、8）教職履修学生への助言、などである。

　これらと並行して、週1回のペースで、『言語教師のポートフォリオ【英語教師教育全編】』（J-POSTL）[1)]にある「自己評価記述文」を用いて、これまでの自身の授業を振り返るとともに、求められる授業力について再考する[2)]。J-POSTLを導入した目的は、コミュニカティブな指導法と学習者への

内的動機づけを促進するような自律的学習方法を研修者が学ぶ契機とするためであり、合わせて文部科学省の進める CAN-DO リスト形式の学習到達目標設定方法や CEFR（ヨーロッパ言語共通参照枠）の理論的背景を学ぶためでもある。

　研修を受ける前はオールイングリッシュやコミュニケーション重視の授業に懐疑的であった者も、1年間の研修を経て、このような教授法の利点と課題をしっかりと認識し、自分のクラスに応用し実施することへの自信を深めることができる。コミュニケーション重視の双方向型の授業を導入できなかったのは、教員の英語力不足や教授法の知識不足というよりも、この授業方法に対する信頼性の欠如が原因であることに気づかされる。1年間 PE センターで教授法と理論、授業効果と課題点をじっくり考察し、この授業方法に対する疑念を払拭することにより、研修終了後は自信を持って授業を行うことができるようになる。授業方法に対する思考のパラダイムシフトが最大の収穫であろう。現場に戻ってからは新たな課題発見と解決を繰り返し、日々成長を続ける教師となっていくことが期待される。

4. 教員志望学生研修

　横浜市立大学には教員養成課程や英語科と呼ばれるものは存在しないが、英語の教職課程を履修することにより中学、高校の教員免許を取得することができる。例年 20 〜 30 名程の学生が英語の教員免許状を取得し、そのうちの 10 名程が教員の道へと進んでいく。本学出身者の強みは、PE や APE で鍛えられた英語の運用力と 2 年次以降に配属される専門コースで学ぶ幅広い学問知識である。その一方で、英語教授法の理論や実践方法の知識に関しては、他大学の教育学部や英語科出身の卒業生に比べると弱く、本学出身の英語教員の抱えるコンプレックスの 1 つとなっている[3]。さらには中・高の教育現場で求められるオールイングリッシュやコミュニケーション重視の授業を実施することに対して自信が持てない者もいる。

　そこで 2016 年度より、PE センターが教員採用候補者に対して研修の場を提供することとした。研修場所は 1 年生が受講する PE の授業であり、半期 15 週間の授業に参加し、担当教員の補助者（アシスタント）として授業運営の手伝いや学生へのサポートを行う[4]。アシスタントをしながら PE インストラクターが実践する教授法を学んでいくと同時に、クラスルーム・イン

グリッシュを身につけ英語面での向上もはかっていく。

　この研修への参加資格は、教職志望の学生で当該年度に教員採用試験を受験予定の者である。参加条件は、教育実習期間は除いて毎回遅刻をせずに授業に参加することができ、かつ担当教員と授業の打ち合わせを毎週行うことができることである。授業内での主な業務は、アクティビティにおけるデモンストレーション、ペア・ワーク、グループ・ワークの補助、個人やグループへの個別サポートである。授業中は日本語の使用は禁じられている。入学当初の1年生は英語使用に消極的な傾向にあり、ペアやグループでのディスカッションが円滑に進まないことがある。そこでアシスタントが介入して質問を投げかけたり、話題のヒントを与えたりすることにより、活発なコミュニケーションを引き出すことができる。1年生にとっては4年生の先輩は英語使用の良きモデルであり、英語学習のアドバイスをもらうこともできる。4年生の研修者もアシスタントとしてではあるが英語を教える経験ができ、教育実習や教員採用試験での面接や模擬授業に備えて有意義な経験を積むことができる。

　さらに貴重なのは担当のPEインストラクターと事前・事後の打ち合わせをすることにより、授業での各アクティビティの意図や理論的な背景を学ぶことができる点である。PEインストラクターは全員TESOLを学んだ英語教育のエキスパートである。彼らの授業がいかに工夫された構成になっているかを知る機会になる。同時に、自分が受けたPEやAPEの授業の理念や各アクティビティの背後にある意図を再認識する機会にもなる。

　授業の主役であるPE受講者の1年生にも、アシスタント業務をする4年生にとっても有益なプログラムとなっている。しかし、授業外で多くの時間を割いて学生へのフォローを行っているPEインストラクターにとっては負担増になる。教員養成に全く関心のない教員が担当になってしまうと、学生と教員とのコミュニケーションが上手くいかず学ぶことが少ない研修となってしまう。そこで、PEセンター長が学生と教員のそれぞれの特性を考慮した上で担当教員を指名する形を取っている。結果、教員養成に理解のあるPEインストラクターだけがこの研修を担っているのが現状である。研修を担当すると自分が行っている教授方法を客観的に見つめ直す機会となり、授業改良の契機となる。近い将来には全教員が研修を担当できるように、FD（授業改善）を通じて研修目的の理解とノウハウを共有していきたい。

5. おわりに

　教員研修で期待されている技能は「英語を英語で教える」ことである。「授業は英語で行うことを基本とする」ことが学習指導要領に明示され、高校では2013年度から施行され、中学校では2021年度から全面実施されることとなっている。横浜市立大学では、高校での実施に先駆け2007年にPEセンターの設立に伴いこの授業方針を採り入れている。導入からの数年間はオールイングリッシュによる授業への学生からの反発は強かった。しかし現在では、逆に教員が日本語で授業を行おうとすると、学生からクレームがあがってくるほどである。オールイングリッシュの授業が浸透し学生もその利点を理解していることの表れであろう。中学・高校でのオールイングリッシュが完全に実現すればPEセンターでの教員研修の需要も更に変わってくるはずである。

　本学で研修を受ける中学・高校教員の中にはオールイングリッシュの授業形態において「部分的な日本語使用も構わないのでは」という解釈をする人もいる。我々も部分的な母語使用は効果的であれば認める立場である。しかし、PEの授業内での日本語使用の割合は教員の全発言中の1％にも満たない。基本的には、文法にせよ、難しい単語にせよ、全てを英語で説明して理解させるという方針である。中学・高校の先生の中には、オールイングリッシュといいながらも授業の半分近くを日本語で説明する人もいる。それは"more English, less Japanese"となっているかもしれないが、オールイングリッシュとはいえないだろう。教員研修では、「まずは授業を全て英語で行えるよう授業計画を立ててみましょう」と提案する。100％英語の授業を土台として、どうしても必要な箇所だけは、最小限の日本語で効果的に説明すれば、100％に近いオールイングリッシュの授業が実施可能である。その上で、英語の苦手な生徒のことも考慮に入れて、どのように英語で分かりやすく説明するかの工夫が必要となってくる。

　教員による英語での説明を生徒が理解するようになり、英語での授業が成立するようになると、今度はいかに生徒による言語活動中心の授業を組み立てるかが課題となってくる。オールイングリッシュの授業は、教員だけが英語を使っていればいいのではない。学習者が授業内でできるだけ多くの英語に触れ、できるだけ多くの英語を使用することが必要である。そこで、PEセンターが現在取り組んでいる課題は、いかにアクティブ・ラーニング型

の授業を取り入れて、学習者中心であり、教員と学生とのインタラクティブ（双方向的）なコミュニケーションを確保した授業を行えるかである。PEセンター内でもFD等の教員研修を通じたカリキュラムの改善と授業力の向上は欠かせない。こうした研修を通じて、中・高・大が密に連携をしてお互いが高め合っていく仕組みは非常に意義がある。学校間の垣根を越えて教員が協力し合いながら、横浜市及び神奈川県の英語教育に対して貢献していくことができれば理想的である。

注

1) J-POSTLは『ヨーロッパ言語教育履修生ポートフォリオ』（European Portfolio for Student Teachers of Languages, EPOSTL）を日本向けに翻案化したものであり、「ヨーロッパ言語共通参照枠」（Common European Framework of Reference for Languages, CEFR）の提起する行動志向の言語観と生涯学習を理念として踏襲している。文部科学省はCEFRにおけるA1〜C2までの6段階のレベル測定やCAN-DOリストを中・高等教育に導入している。J-POSTLに関する詳細は久村（2014）を参照のこと。
2) 教員研修及びJ-POSTLを利用した教員研修に関して、初出は加藤他（2017）を参照のこと。
3) 英語教育の理論に関して学べる授業は教職科目である「英語科教育法」のみであり、これまで非常勤講師に講義を担当してもらっていた。2017年度に応用言語学を専門とする教員が着任し、以降はこの科目の担当と学生の指導を行っている。
4) 月・水・金の週3回ある1年生のPEクラスのうち週何回、何曜日に参加するかは研修学生の希望に応じている。週1回の学生もいれば週3回の学生もいるが、最も多いのは週2回の参加である。ただし、決めた曜日に関しては15週間最後まで参加することを条件としている。

参考文献

久村研（2014）「言語教師のポートフォリオ——完成から普及へ」『言語教師教育』1(1), 5-2.

加藤千博・小出文則・前屋敷祐一・高島紀子（2017）「J-POSTLを活用した現職中学教員研修——「学び続ける英語教師の確立」を目指して」『言語教師教育』4(1), 104-118.

第11章 現職教員から見た PE 授業への評価

小出 文則

1. はじめに

本章では横浜市立大学で行われている Practical English (PE) について中学校、高等学校等における英語教育への応用という視点から述べていく。

2. コミュニケーションのための英語

既に広く知られているように、PE は TOEFL-ITP で 500 点以上のスコアを得ることが単位取得の要件となっている。しかし、PE センター長マクガリー教授によれば、PE の授業の中で TOEFL 対策のようなことはしていない。むしろ授業をよりコミュニカティブにしたことで、学生が英語を使うことを楽しんでおり、それと比例するように単位取得要件を満たす学生が増加しているとのことである。

このことは、コミュニケーション能力の育成を目指す中学校、高等学校の外国語（英語）教育においても、授業を実際のコミュニケーションの場とし、生徒の言語活動の機会を十分に確保することで高校入試や大学入試にも対応できる力が育つことを示すヒントとなり得る。

3. アクティブ・ラーニングの視点に立った授業

新学習指導要領では、将来にわたり能動的に学び続けることができる子どもを育てるために「主体的、対話的で深い学び」いわゆるアクティブ・ラーニングの視点に立った授業の実現を進めていくことが必要である、としている。PE においてもアクティブ・ラーニングの推進が図られており、市立高校英語科教員研修でもマクガリー教授による講義の中で、アクティブ・ラーニングへの取り組みについて触れられた。以下にその事例を紹介する。

・反転授業

Flipped-Class（反転授業）を PE に取り入れ始めている。学生は授業外に課題を行ったり、指定された動画を視聴したりして授業に臨み、授業においては学生の言語活動が中心となるように工夫がなされている。課題をやってきていない学生には授業時間内にインストラクターが積極的に声をかけることにより学びの機会を提供している。事前準備の大変さや ICT 環境の整備等の課題はあるものの、授業中の学生の活動時間を生み出そうという授業改善への取り組みは、中学校、高等学校における英語教育にも参考となる。

・ペア・ワーク、グループ・ワーク

PE ではペアやグループでの活動が授業の大半を占める。授業の導入部分では「週末にしたこと」などの身近な話題をテーマにした会話から始まる。このような活動は中学校でも多く実践されてはいるが、1 つの質問に対して 1 つの回答で終わってしまう場面が多く見られる。この傾向は PE の授業の初期の段階でも見られるが、PE では Follow-up Questions を対話の中に自然と加えられるよう、インストラクターが助言を与えていく。学生はこのような活動を通し、相手とのコミュニケーションを円滑に継続するために必要な表現を増やしていく。

4. オールイングリッシュ授業

高等学校の学習指導要領では「授業を実際のコミュニケーションの場面とするため、授業は英語で行うことを基本とする」としているが、横浜市立大学の PE でも、当然のことながら、スピーキング、リーディング、グラマーの週 3 回の授業は全て英語で行われている。加えて、「聞く」「話す」「読む」「書く」の複数の技能を結びつけた統合的な言語活動がそれぞれで行われている。例えばリーディングでは、英字新聞の概要を読んで理解するだけではなく、その内容をペアやグループで話す（聞く）、さらに記事の内容について自分の考えを書く、という活動が全て英語で行われている。その際、英語を使う主体はあくまで学生である。インストラクターはもちろん英語で指示を出すが、インストラクターが授業の中で話している割合は近年 20 ～ 30％程度と少なくなってきているという。PE におけるオールイングリッシュと

は、教員が英語のみで授業をすることではなく、学生に積極的に英語を使用する機会を与えることといえる。

5. 検定試験の活用

　PE は TOEFL-ITP で 500 点以上が単位取得の要件であることは前述の通りだが、PE の単位を取得した学生は Advanced Practical English（APE）を受講することができる。その中には、TOEFL-iBT 受験を目指すクラスや IELTS 受験を目指すクラスも用意されている。例えば IELTS 受験を目指す APE の授業では、IELTS とはどのような形式のテストなのか、どのような問題が出されるのかということも紹介されるが、授業の基本は PE と同様にコミュニカティブなものであり、ペアでやり取りをする時間が十分に取られている。実際に IELTS のスピーキングは何気ない会話のやり取りから始まり、与えられたトピックについて話すという流れとなっており、普段の授業内容がそのまま試験対策につながっている。これは PE の基本的な方針と変わらない。横浜市立大学では、検定試験である TOEFL-iBT や IELTS を題材として利用しながらも、クラスは得点アップのための試験対策授業ではなく、アカデミックな内容の検定試験に対応できうる実践的な英語力を養成することにある。この方針は外部指標として TOEFL-ITP や英検を活用する高校にとっても参考となろう。検定試験は目標ではなく、あくまでも到達度や上達率を測る指標にすぎないということを忘れてはならない。

6. おわりに

　以上のように現在 PE で行われている授業は、これからの中学校や高等学校において目指す方向性と合致しているものといえる。大学で行っている内容をそのまま中学校や高等学校で実施することは難しいが、生徒たちの状況によって、難易度を変えて実践することは十分可能である。PE の授業を見学すると、それぞれの教室から楽しそうに英語を話している学生の姿を見ることができる。英語を使いながら学んでいる様子がはっきりと見て取れる。中学校、高等学校においても英語を学ぶ生徒たちのために不断の授業改善が行われなければならない。

第12章 実用的看護英語教育プログラム

落合 亮太

1. はじめに

　横浜市立大学医学部看護学科では、PEセンターと連携して、1年生を対象に実用的看護英語教育プログラムを実施している。同プログラムは看護学科1年生が英語を使用する模擬患者に対し、バイタルサインズ（脈拍数や血圧、体温）測定に関するロールプレイを実施するものである。プログラム開発の過程は、学術誌に実践報告として掲載されているが（落合他, 2017）、本章では、プログラムの内容と実施上の留意点、PEセンターとの連携、学生からの評価、今後の展望について述べたい。

　横浜市は約370万人の人口を有する全国で最大の政令指定都市である。グローバル化に伴い、横浜市でも外国人居住者数は増加しており、1986年には約2万5千人であった外国人登録者数は、2015年時点では約30万人と、10倍以上の増加を認めている。横浜市立大学は附属病院として横浜市立大学附属病院と横浜市立大学附属市民総合医療センターを有しており、両病院においても外国人患者と接する機会は多い。

　このような社会全体、及び医療における更なるグローバル化の進展を見据えて、横浜市立大学医学部看護学科では英語教育に力を入れており、TOEFL-ITP 500点相当取得を卒業要件としている。さらに、TOEFL-ITP 450点相当取得を2年生への進級要件とし、2年生以降では、フィリピンやブラジルなどにおける海外フィールドワークなど、より発展的な国際活動に学生が参加できるよう支援を行っている。

　一方で、学生からは医療現場に即した実用的な英語を学びたいという要望も聞かれていた。従来からの一般教養としての側面を重視する英語教育は、English for General Purposes と呼ばれている。他方、臨床現場の事象や医療トピックに特化した英語教育は English for Specific Purposes として、学生の学習意欲の向上を含め、近年、その有用性が指摘されている。このような背景から、本学科では発展的な国際活動に参加する準備段階にある看護学科1年生を対象とした実用的看護英語教育プログラムを実施している。

2. 実用的看護英語教育プログラムの実際

図1にプログラムの流れを示す。プログラムの開催時期は、1年生が脈拍や血圧測定といった基礎看護技術に関する学習を終える年度末としている。これには、看護学の学習の進捗状況と英語教育プログラムの内容を合わせることで、学生に日々学習している看護学の内容と英語教育は独立ではなく、相互に関連があることを体感してもらうというねらいがある。看護師としての力と英語力があれば看護を海外でも実践することが可能となる。逆に、看護師としての力がなければ、英語力があっても看護を実践することはできない。国際的に活躍をする看護師になるためには看護師としての力と英語力の両方が必要であり、その2つは対患者とのコミュニケーションという点で共通していることを学生に感じてもらいたいと考えている。

プログラム実施上の留意点を表1に示す。本プログラムを作成するにあたっては、国内で先進的な英語教育を行っている教育機関の講師からスーパービジョンを受けた。その際、英語力そのものよりも学生の専門職者としてのコミュニケーション力や態度を評価すべきであること、学生の自己効力感を育むようポジティブなフィードバックをすることの重要性について助言を受

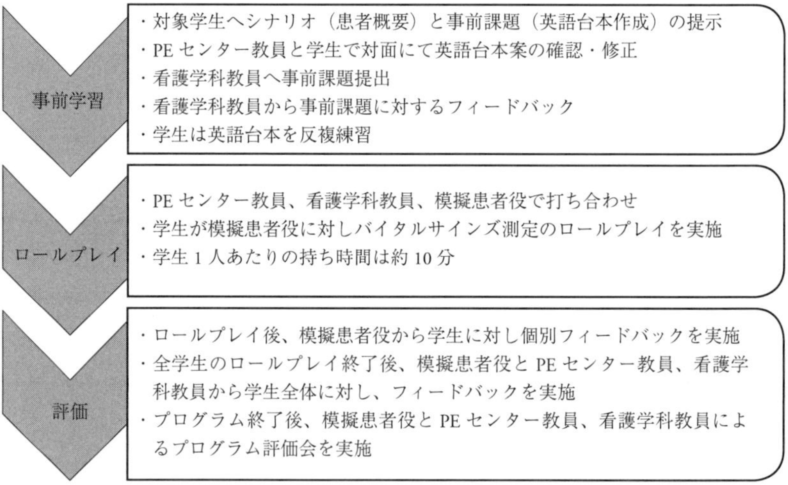

事前学習
- 対象学生へシナリオ（患者概要）と事前課題（英語台本作成）の提示
- PEセンター教員と学生で対面にて英語台本案の確認・修正
- 看護学科教員へ事前課題提出
- 看護学科教員から事前課題に対するフィードバック
- 学生は英語台本を反復練習

ロールプレイ
- PEセンター教員、看護学科教員、模擬患者役で打ち合わせ
- 学生が模擬患者役に対しバイタルサインズ測定のロールプレイを実施
- 学生1人あたりの持ち時間は約10分

評価
- ロールプレイ後、模擬患者役から学生に対し個別フィードバックを実施
- 全学生のロールプレイ終了後、模擬患者役とPEセンター教員、看護学科教員から学生全体に対し、フィードバックを実施
- プログラム終了後、模擬患者役とPEセンター教員、看護学科教員によるプログラム評価会を実施

図1　プログラムの概要

けた。英語教育というと、単語や文法、発音の正しさなどに目がいきがちである。しかし、私たちが目指すものは English for Specific Purposes を通して学生の英語学習への意欲を高め、発展的な国際活動に積極的に従事してもらうことである。スーパーバイザーからのコメントもあり、本プログラムでは、学生をテストするのではなく、コミュニケーションができたという成功体験を通して英語の楽しさを感じてもらうこと、それにより英語でのコミュニケ

表1　プログラム実施上の留意点

トピック	内容
全体	学生が英語教育と臨床実践のつながりを感じられるようプログラム内容はそれまでの看護学の学習進捗状況に合わせて設定する
	ロールプレイでは、言語だけではなく動作を伴う場面（バイタルサインズ測定など）を設定する
	プログラム参加が学生の成功体験となり、最後は笑顔で終われるようにする
	看護学科教員と PE センターがそれぞれの専門性に基づき役割分担と連携をする
事前学習	ロールプレイにおいて専門職として模擬患者とコミュニケーションを取るうえで学生の事前学習は必須である
	事前課題に対し、PE インストラクターは英語表現としての適切性、看護学科教員は看護師としての声かけの仕方について、主に助言を行う
	学生は慣れない言語環境下で医療を受ける患者の不安に配慮した表現を検討する
	患者の前で台本を読まなくても良いよう、学生は台本を事前に反復練習をする
模擬患者役	英語でコミュニケーションをする必然性を担保するため模擬患者役は英語を母語とする者が望ましい
	患者は元気とは限らないので、深刻な顔をすることも時には必要である
評価	学生の英語力そのものではなく、専門職として英語を用いて患者に関わる姿勢・態度を評価する
	一人一人の学生に対するリフレクションの時間を設ける
	ポジティブなフィードバックを行う

ーションに対する学生の心理的障壁を下げること、専門職者としての態度を身につけてもらうことを基本理念としている。

　次に、看護学科教員と PE センターとの連携について述べる。看護学科の教員は、看護の専門家ではあるが、英語教育の専門家ではない。そのため、実際の教育にあたっては、看護学科と PE センターの連携が重要となる。PE センターが担う役割は主に、学生の事前学習補助である。学生は既に基礎看護技術と日本語での患者とのコミュニケーション方法について学んでいるが、模擬患者と英語でコミュニケーションを取る上では、技術の復習、及び英語での声のかけ方などについての事前学習が不可欠となる。本プログラムではロールプレイ実施前の事前課題として、学生に対し、これまで学習してきた看護学の知識に基づき、バイタルサインズ測定に必要となる英語台本の作成を課している。学生が作成した台本を、看護教員は看護師として、PE インストラクターは英語教育の専門家として評価し助言する。看護学科教員からの助言は、患者の不安を和らげる声のかけ方などが中心で、PE インストラクターは英語表現の適切性に関する内容が主となる。PE インストラクターが事前に英語台本を確認することで、学生は安心してプログラム当日を迎えることができる。

　PE センターのもう 1 つの役割は、本プログラムの特色でもある模擬患者役を確保するために看護学科に協力することである。本プログラムを初めて実施した 2015 年度は、PE インストラクターが模擬患者役を務めた。英語教育に慣れたインストラクターが患者役となることで、和やかな雰囲気でロールプレイが進み、演習後のフィードバックも教育的配慮に満ちたポジティブなものになるという利点があった。模擬患者役は笑顔であることが多く、患者が少なからず抱える苦痛や不安が表現しきれていないという課題もあった。そこで、2 年目からは PE センターを通して、英語を使用して地域で生活されているボランティアの方を募り、模擬患者役を依頼することとした。模擬患者役が PE インストラクターからボランティアの方へ変更となることで学生の緊張が高まる可能性が考えられた。そのため、学生がより打ち解けてコミュニケーションできるよう、ボランティアの募集にあたっては、学生と同年代の女性が多くなるよう留意した。今後は、いかに適度な緊張感を学生に与え、しかし英語でのコミュニケーションに対する学生の心理的障壁を上げすぎない関わりをボランティアの方にしていただくか、その準備と調整が課題と考えている。

3. 成果と課題

本プログラムに対する参加学生の評価は全体的に良好といえる。プログラム実施後に行った学生の自己評価では、自由記述欄において、「自分の片言の英語でも伝わることがわかった」「ちゃんとした文にならなくても、ジェスチャーや気持ちでも少しでも伝わることがわかった」などの記載が見られた。これは、「コミュニケーションができたという成功体験を通して英語の楽しさを感じてもらう」という、本プログラムの基本理念に合致したものであり、プログラムは一定の成果をみたと考えている。一方で、「その場で質問に答えることができなかった」「自分の英語力の低さを知った」など、自身の英語力不足に言及する記載も見られた。また、学生による自己評価と模

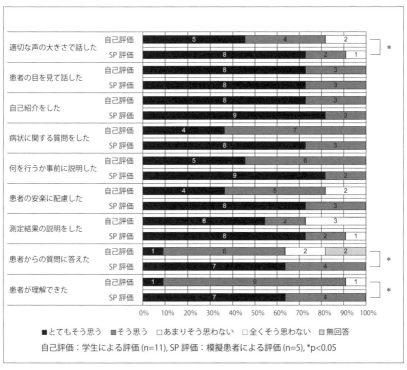

図2 初年度プログラムに参加した学生による自己評価と模擬患者（SP）による他者評価の得点分布（落合他（2017）に掲載の図を基に再作成）

擬患者による他者評価の比較では、「患者からの質問に答えた」などの項目において、学生の自己評価が模擬患者による他者評価よりも低い傾向が見られた（図2）。学生は事前に準備してきた英語台本をもとにしゃべることはできたものの、患者の反応に対して臨機応変に対応することには難しさを感じているようである。医療の現場ではとっさの判断や臨機応変な対応が求められることが多いため、このような場面におけるコミュニケーション能力を育成することが、今後の教育プログラムに求められているといえよう。

4. おわりに

横浜市立大学医学部看護学科では、PEセンターと連携して、1年生が模擬患者に対しバイタルサインズ測定を実施する実用的看護英語教育プログラムを行っている。同プログラムは、コミュニケーションができたという成功体験を通して英語の楽しさを感じてもらうこと、それにより英語でのコミュニケーションに対する学生の心理的障壁を下げること、専門職者としての態度を身につけてもらうことを基本理念としており、これまでに一定の成果をあげている。今後は、模擬患者役との連携に加え、事前に準備した台本に頼りすぎず、患者の反応に対して臨機応変に対応する能力を養うためのより発展的なプログラムの開発が課題となる。

参考文献

落合亮太・松本裕・大河内彩子・宮内清子・塚越みどり・片山典子・中村幸代・渡邉知子・佐藤朝美・叶谷由佳・渡部節子（2017）「看護大学1年生を対象とした看護英語教育プログラムに関する実践報告」『横浜看護学雑誌』10, 29-35.

第Ⅳ部

TOEFL 500 点取得、その後の教育

第13章 Advanced Practical English

Carl McGary・加藤 千博・大橋 弘顕

1. はじめに

　TOEFL-ITP 500 点を取得し Practical English（PE）を修得した後、学生は更なる学習へと駒を進めていく。英語で開講されている専門講義等を履修する者もいれば、新たな外国語に挑戦する者もいる。「PE はスタートであり、ゴールではない！」と第Ⅱ部第 2 章で紹介したが、PE 合格は大学が掲げる「グローバル人材」へのスタートラインに過ぎない。学生は自分の将来を見据えて、ここから更なる学習へと踏み出していくことになる。この第Ⅳ部では、その選択肢のいくつかを紹介する。本章では最も多くの学生が選択する道である、Advanced Practical English（APE）について説明する。

2. APE のカリキュラム

2.1 目標

　PE の単位取得後も引き続き英語の学習を希望する学生には、APE のクラスが提供されている。PE プログラムの目標設定が、大学内で英語を使いこなせるようになることであったのに対して、APE プログラムは、大学の外で学生が英語を使いこなせるようになるよう設計されている。よって、必要最低限の留学可能なレベルとして TOEFL-ITP 550 点（TOEFL-iBT 79 点）相当を獲得することが APE の到達目標となっている。しかしながら、APE の履修は海外留学を志望する学生に限られている訳ではなく、誰でも履修が可能である。

2.2 APE の科目

　図 1 に示すように APE プログラムでは 5 種類の授業が展開されている。APE Ⅰは、聞く・読む・話す・書く、の 4 技能全てをバランスよく学習する。APE Ⅱはアカデミック・スピーキングに焦点が置かれ、学術的な場でのスピーチやプレゼンテーション、そしてディスカッションやディベートに必要な

スピーキング力を養成する。APE Ⅲはアカデミック・ライティングに焦点が置かれ、学術的なレポートの作成に必要なライティング・スキルを養成する。APE Ⅳはアカデミック・スタディ・スキルの養成に焦点が置かれ、ノートテイキング、速読、ディスカッション、プレゼンテーションといった海外の大学で授業を受講するのに必要な学術的なスキルを身につけるための練習を行う。APE ⅤはⅣを更に発展させ、アカデミック・スタディ・スキルの実践及び特定英語スキルの実践に焦点が置かれている。APE Ⅴは海外留学を控えた学生に合わせて、TOEFL-iBT もしくは IELTS の実技テスト（スピーキング・ライティング）に即した題材を用いて実戦練習を行っている。2017年度にはこの APE Ⅴに TOEIC クラスが追加され、TOEIC の SW（スピーキング・ライティング）に即した題材を用いて実戦練習を行っている。

　APE は 3 段階のレベル分けがされている。TOEFL-ITP のスコアが 520 点未満の学生は APE Ⅰから始めることになる。520 点以上の学生は APE Ⅱ、Ⅲ、Ⅳのどれを選択してもかまわない。540 点以上の学生は APE Ⅴを受講することができる。APE Ⅰ、Ⅳ、Ⅴはクラスサイズの上限を 30 名に、APE ⅡとⅢは 15 名に設定してある。とはいえ、APE ⅣとⅤに関しては、10 名以上が受講していることはほとんどなく、少人数制が維持されている。PE が週 3 回（1 セメスター、15 週間）で 3 単位であったのに対して、APE は週 2 回（1 セメスター、15 週間）で 2 単位となっている。

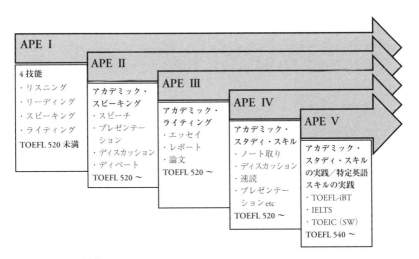

図1　APE の授業

2.3 評価方法

単位取得のためには、PE 同様、出席は必須である。APE の場合は全 30 回の授業のうちの 80％以上の出席が必要となる。期末試験に関しては、それぞれのクラスが要求する試験を受ける必要がある。APE Ⅰ、Ⅱ、Ⅲ、Ⅳの受講者は期末試験として TOEFL-ITP を受験する。APE Ⅴの受講者は、受講するクラスに合わせて TOEFL-iBT、IELTS、TOEIC-IP（LR & SW）のいずれかを受験する。全ての期末試験の受験料は大学が負担し、学生による負担はない。評価に対する期末試験の比重は、科目によって異なるが 2 割から 4 割を占め、残りの 6 割から 8 割が授業内でのパフォーマンス（授業内での活動、課題、プレゼンテーション等）によって教員により点数化される仕組みとなっている（参考資料 1）。

3. 継続的学習

3.1 需要の増加

APE のコースが創設されたのは 2010 年 4 月である。2010 年度前期の履修者数は合計 119 名であったのに対し、2018 年度前期の履修者数は合計 330 名である。毎年着実に履修者数が増加し、それに伴いクラス数も増えている。受講者数増加の背景には、PE の単位取得時期が早まっていることに伴って APE を受講する機会が増えていることが考えられる。しかし、受講生増加の第一の要因は、学生の意識の向上であろう。PE 合格は単なる進級要件に過ぎず、更なる英語力の向上が必要であることを認識する学生が増えている。さらには教授陣による呼びかけの効果も大きい。どの分野の学問においても何かしらの英語使用が必要となってくる。ゼミや実習担当の教授から英語学習の必要性を直接教わると、学生の学習意欲も高まってくる。英語の専門書を授業で扱うだけでなく、専門科目の講義を英語で実施したり、海外フィールドワークへ学生を引率したりする教員が増えていることと相まって、学生の英語学習への意識が高まり、それが APE の受講者数へと反映されている。

3.2 医学科の取り組み

ほとんどの医学科生は入学時のクラス分け TOEFL-ITP テストで 500 点以上を獲得し、PE の単位認定を受けるため、PE の受講は必要なくなる。そこで、医学科では TOEFL-ITP 600 点未満の学生には APE を受講するようこれ

まで強く推奨してきた。2017年度は医学科生優先のAPEクラスを設置し、これらの学生を前期はAPE Iのクラスに、後期はAPE IVのクラスにスコア別に配属した。多くの学生がAPE Iの目標である520点を既に獲得済みであるが、入学直後は、特にスピーキング力とライティング力がかなり低いのが現状である。そこで、APE Iから始めることで、暗記型の英語学習から脱してアウトプット重視の英語学習へと移行し、コミュニケーション能力の上達が加速する。よって、より高次なレベルでの英語コミュニケーション能力を獲得するための準備が整えられる。学生のモチベーションを更に引き上げるため、2018年度からはAPEが必修化され、全医学科生にいずれかのAPE科目の単位取得が義務付けられた。

医学科生と看護学科生は2年に進級すると、病院が併設されている福浦キャンパスへと移動する。そこで専門的な医学、看護学の教育や実習を受けることになるが、英語学習も継続的に行えるようになっている。PEセンターの福浦分室が2015年度に開設され、医学科生と看護学科生対象にAPEクラスの開講とコミュニケーション・アワー[1]が設定されている。医学科では4年生、5年生を対象に海外リサーチ・クラークシップ（研究実習）、海外臨床実習のプログラムが用意されており、これに参加する学生はAPEやコミュニケーション・アワーを利用してより高度なレベルでの英語運用能力を養っている。

3.3 TOEIC-SWクラス

PEの単位取得後、APEを受講する学生が非常に増えているのは事実であるが、現状はAPEのうち1つか2つの授業を履修して、学習をやめてしまう学生が多い。APEのプログラムは留学レベルに相当するTOEFL-ITP 550点相当まで英語力を引き上げることを目標としているが、実際に留学する学生以外はほとんどがこのレベルまでは到達していない。APE IVとVは留学を目指している学生には非常に効果的なクラスとなっているが、留学をしない学生の方が圧倒的に多いなかでは、これらのクラスを含んだAPEはプログラム全体としては成果を収めているとは必ずしもいえない。

そこで、APEを卒業まで段階的に履修できるようAPE V（TOEIC）クラスを2017年度に新設した。留学を目指さない学生にとってはTOEFL-iBTやIELTSよりもTOEICを通じた学習の方がモチベーションは高くなる。実際、横浜市立大学の在学生のほとんどが就職活動に備えてTOEICを受験するた

め、TOEIC クラスへの要望は以前から高かった。前述の通り APE Vの履修には TOEFL-ITP で 540 点以上のスコアを有することが前提条件である。しかし、この基準では多くの学生が前提条件を満たさないため、このクラスでの学習を諦めてしまう。そこで、このクラスのみ前提条件を変更し、540 点以上を有していなくても、APE Ⅱ、Ⅲ、Ⅳを受講済みであれば、センター長の許可を得て履修できるようにした[2]。こうすることにより、PE 合格後も APE Ⅰ、Ⅱ、Ⅲ、Ⅳを受講し、APE V（TOEIC）へと段階的に進んでいく道のりが出来上がった。

APE V（TOEIC）クラスの到達目標は TOEIC の LR（リスニング・リーディング）で 800 点、SW（スピーキング・ライティング）で S を 140 点、W を 150 点と設定している。しかし、この授業の真の目的はスコアではなく、アカデミック・スタディ・スキルの実践である。ビジネス分野を専攻する学生が、その専門知識を用いて、プレゼンテーションや商談等の練習をすることが授業の内容となっている。そのアクティビティの内容に TOEIC-SW の題材を取り入れている。SW 中心の練習を行うことにより、LR で必要な英語力も向上していくため、TOEIC で高スコアを目指す学生の需要を満たしながらも、高いレベルでのコミュニケーション能力の養成をはかるクラスとなっている。

4. 課題

APE は明確な目標を持っている留学希望学生にとっては非常に効果的であるが、留学を意図しない学生にとってはあまり効果を得られていない。その原因は PE 取得後の目標の喪失である。APE を受講する学生の誰もが更なる英語力の向上を目指して学習を継続させようとする。しかし、多くの学生は目標設定がないため、自身の学習プランが作れない。結果、効果的な学習が行えておらず、上達が停滞してしまう。その一方で、PE の時とは違って留年というプレッシャーがないためか、授業を楽しんでいる様子が多く報告されており、言語習得の喜びを味わえているのも確かである。英語を学び、使い、自己成長する喜びと学習成果の両輪をいかに駆動させるかが課題である。

APE V（TOEIC）も新設したばかりでその効果は検証できていない。学生のモチベーションをいかに引き出していくかが APE プログラム全体の鍵となろう。現在検討中なのが、コンテンツ・ベースの APE の創設である。専

門分野に応じた学習内容を題材として英語を学習するコースである。例えば、経営論や会計論をコンテンツ（学習内容）とした英語学習教材を用いて、導入的な専門知識の獲得と英語学習を並行して行う。このコンテンツ・ベースの APE が新設されれば、英語による専門科目の講義との接続がスムーズにできる。学生にとっても、「PE → APE → 英語による専門科目」というはっきりした道筋ができ、英語学習の継続と学習目標の設定が行いやすくなることが期待される。APE を通じて各専門分野が想定する到達度・スキルに直結する英語教育を行うことができよう[3]。

5. APE Ⅴ（TOEIC）クラス実践報告

5.1 コースの定義

　この授業の目的はビジネスにおいて高いレベルでのコミュニケーション能力の養成をはかることである。それは具体的にどのような能力なのであろうか。まずはビジネスを遂行するのに必要な英語のハードスキル（単語力、読解力、リスニング力、ライティング力等）がある。加えてソフトスキル（ディスカッション能力やプレゼンテーション能力等）の向上も大事であろう。さらに昨今のビジネスのグローバル化に鑑みれば、異文化圏のビジネスパーソンと良好な人間関係を築く能力（interpersonal communication skills）も欠かせないソフトスキルと考えられる。よって APE Ⅴ（TOEIC）は、異文化コミュニケーション能力（intercultural communicative competence, 以下 I.C.C.）という枠組みの中で、「良好な人間関係を構築し得る能力を育む」という大義のもとに運営されている。

5.2 授業構成

　授業構成において、I.C.C. のための４つの要素、心構え、知識、技術、言語能力（Byram, 2002）をそれぞれ育むことを念頭に置いている（図 2）。

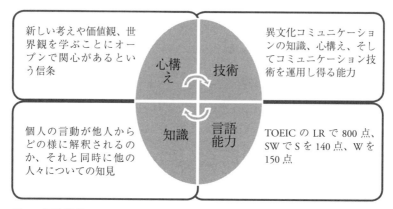

図2　授業構成

5.3 授業の流れ

　表1は90分授業2回分の授業の流れを示している。まず特徴として挙げられるのが、担当教員と学生、または学生同士のインタラクティブな活動（I.C.C.の実践）であろう。通常授業の70％が生徒の能動的な参加をもって成立する活動である。I.C.C.で一番大事な要素は「言語能力」でも「技術」でも「知識」でもなく、「心構え」である（Byram, 2002）。円滑な授業運営においても同様に、相手とコミュニケーションを図る意思の有無を分かりやすく示すための「心構え」（「尋ねられたら3秒以内に態度や声に出して反応する」「分からなければ質問する」等）を定め、厳守してもらうことがカギとなる。また、コミュニケーションに自信を持つ手助けとなる活動も取り入れている。次に特徴的なのは、予備校的なテスト対策授業は行わないことである。TOEIC-LRに関しては、対策方法に関しては言及するが、テスト問題を解いて解説するようなことはしない。学生は授業外に試験対策を練ることが求められる。最後に、PEセンター及びPEライティング・センターとの連携が挙げられる。会話の練習（PECコミュニケーション・アワー）やライティングの更なるブラッシュアップ（PECライティング・センター）も可能な環境に学生はいる。

第 13 章　Advanced Practical English

表 1　I.C.C. の 4 つの要素を取り入れた授業の流れ（90 分授業×2 回分）

時間の目安	内容	目的
5 分	「スモールトーク」	技術：人間関係構築力
5 分	「クラスルール」の確認	「心構え」のふりかえり
20 分	課題チェック（音読力や流暢さを養うもの）	言語能力
20 分	「ブックリーディングサークル」*：課題図書の内容に関するプレゼンテーション活動	知識 & 技術
30 分	「ブックリーディングサークル」：「気づき」に関するディスカッション活動	技術
10 分	まとめと今日の気づきのふりかえり	学習の動機づけ

10 分	「スモールトーク」：適切な話題とは？	技術：人間関係構築力
20 分	ビジネスシーンのスクリプトライティング**：文化間、男女間におけるコミュニケーションスタイルの相違について	知識 & 技術 & 人間関係構築力
30 分	TOEIC-SW 型の演習、LR 対策の進捗確認	言語能力
20 分	自分の長所を生かしたコミュニケーションとは？（Positive psychology のフレームワークを使った自尊心を高めるための活動）	心構え & 人間関係構築力
10 分	まとめ、次週の学習計画	学習の動機づけ

＊　ブックリーディングサークル：異文化コミュニケーションに関する推薦図書リストから学生が各々異なる本を 1 冊選び、本の内容をマインドマップにまとめてディスカッションやプレゼンテーションを行うもの。

＊＊　スクリプトライティング：あるシチュエーション（初対面時など）に沿った対話文の原稿を英語で作成し、同じ題目の教科書の対話文と比較する活動。学生の現状のコミュニケーションスタイルに対する認識と北米のそれとを比較し、こちらの意図とは異なる形で相手に伝わってしまうメッセージ（meta-message）の要因を検証するもの。

5.4 APE のその先へ

点数などで計り得る言語能力を、I.C.C. という大きな枠の中で捉えていることが APE Ⅴ（TOEIC）の一番の特徴であろう。授業時間は主にソフトスキルの育成に充て、テスト対策は基本的に学生が授業外で行う。学生にはハードルの高いコースかもしれないが、人生に役立つプラクティカルな教育を目指している。

6. おわりに

先にも記した受講者数の増加から明らかなように、APE への需要と期待は大きい。英語力の基礎を固める PE のプログラムが大きな成果を収め、合格率の増加と共に PE 履修者が減少していることから、その発展編である APE の意義が大学内で着実に高まってきている。今後は APE プログラムの充実が横浜市立大学の英語教育の更なる発展ならびに大学の国際化の進展には欠かせない。APE を受講する学生は、同時に「多文化交流ゼミ」[4] などの英語で開講されている科目や初習外国語[5] も受講している。これらの科目と連携しながら、英語学習に留まらず、複言語能力を涵養するプログラム作りが大学として必要である。

注

1) コミュニケーション・アワーについては第Ⅲ部第 8 章を参照のこと。
2) APE Ⅱ、Ⅲ、Ⅳは TOEFL-ITP 520 点以上が履修の前提条件であるが、APE Ⅰを受講済みであれば履修許可が得られる。
3) 2019 年度の学部再編に伴い、国際商学部対象に APE Ⅳ（Business）、理学部対象に APE Ⅳ（Science）、国際教養学部対象に APE Ⅲ（Academic Writing）を新設する予定である。
4) 多文化交流ゼミについては第Ⅳ部第 14 章を参照のこと。
5) 初習外国語については第Ⅳ部第 18 章を参照のこと。

参考文献

Byrum, Michael Bella G. & Hugh S.（2002）. *Developing the Intercultural Dimension in Language Teaching: A Practical Introduction for Teachers.* Strasbourg: Council of Europe.

第 13 章　Advanced Practical English

<参考資料>

資料 1　APE 評定基準（2018 年度版）

<APE Ⅰ> prerequisite: TOEFL-ITP 500 or TOEIC 600

30% class participation, 20% assignments, 20% quizzes, 30% final exam (ITP TOEFL score)

TOEFL	520〜	517	513	510	507	503	500	497	493	490	487	483	480	〜477
Points	30	29	27	26	24	23	21	20	18	17	15	14	12	0

<APE Ⅱ> prerequisite: TOEFL-ITP 520 or Pass APE 1 and Director's permission

40% class participation, 20% assignments, 20% presentations, 20% final exam (ITP TOEFL score)

TOEFL	550〜	547	543	540	537	533	530	527	523	520	517	513	510	507	503	500	〜497
Points	20	19	18	17	16	15	14	13	12	11	10	9	8	7	6	5	0

<APE Ⅲ> prerequisite: TOEFL-ITP 520 or Pass APE 1 and Director's permission

40% class participation, 20% assignments, 20% quizzes, 20% final exam (ITP TOEFL score)

TOEFL	550〜	547	543	540	537	533	530	527	523	520	517	513	510	507	503	500	〜497
Points	20	19	18	17	16	15	14	13	12	11	10	9	8	7	6	5	0

<APE Ⅳ> prerequisite: TOEFL-ITP 520 or Pass APE 1 and Director's permission

40% class participation, 20% assignments, 20% quizzes, 20% final exam (ITP TOEFL score)

TOEFL	550〜	547	543	540	537	533	530	527	523	520	517	513	510	507	503	500	〜497
Points	20	19	18	17	16	15	14	13	12	11	10	9	8	7	6	5	0

<APE V (iBT) > prerequisite: TOEFL-ITP 540

20% class participation, 20% assignments, 20% quizzes, 40% final exam (iBT TOEFL score)

iBT	79~	78~77	76~75	74~73	72~71	70~69	68~67	66	65	64	63	62	61	~60
Points	40	38	36	34	32	30	28	26	24	22	20	18	16	0

<APE V (IELTS) > prerequisite: TOEFL-ITP 540

20% class participation, 20% assignments, 20% quizzes, 40% final exam (IELTS score)

IELTS	6.0~	5.5	5.0	~4.5
Points	40	30	20	0

<APE V (TOEIC) > prerequisite: TOEFL-ITP 540 or Pass APE Ⅱ, Ⅲ, Ⅳ and Director's permission

20% class participation, 20% assignments, 20% quizzes, 40% final exam (TOEIC LR & SW score)

LR	800~	780~	760~	740~	720~	700~	680~	660~	640~	620~	~615
Points	20	18	16	14	12	10	8	6	4	2	0
S	140~200	130~	120~	110~	100~	10~90					
Points	10	8	6	4	2	0					
W	150~200	140~	130~	120~	110~	10~100					
Points	10	8	6	4	2	0					

<YCU's Grading System>

Grade	Score	Grade Points
秀 (SA)	90~100	4.0
優 (A)	80~89	3.0
良 (B)	70~79	2.0
可 (C)	60~69	1.0
不可 (D)	~59	0.0

第14章 英語によるディスカッション中心のアクティブ・ラーニング

嶋内 佐絵

1. はじめに

　本章は、英語によるディスカッションを中心としたアクティブ・ラーニング型の授業である多文化交流ゼミでの実践報告である。2018年度現在、テーマの異なる8クラスの多文化交流ゼミが開講されている。本章で扱う"Comparing Education in the World"、"Global Communications"、"Japan from Foreigners' View"の3クラスにおいても、講義、学生同士のグループディスカッション、質疑応答、予習課題、学生によるプレゼンテーション、試験などを含め、全て英語で行っている。

　上記3つの多文化交流ゼミの目標は、英語を国際共通語として捉え(English as a Lingua Franca, ELF)、日本や国際社会が共有するテーマや身近な社会問題について英語で議論し、幅広い知識や教養を深めると同時に、英語によるコミュニケーション能力を磨くことである。Practical English (PE) や Advanced Practical English (APE) といった英語科目の修了後、英語による授業 (English-medium Instruction, EMI) を履修することで、更に実践的な英語力を伸ばすだけでなく、知識や論理的思考力をも同時に身につけることを目指している。

　一方で、英語による授業は、上記のような目的と可能性とともに、様々な難しさや挑戦も抱えている。横浜市立大学においても、教員と多くの履修学生が日本語の母語話者であるなかで、英語で授業を行うことにどのような意味や目的があるのか。多文化交流ゼミの授業の特徴や挑戦とはどのようなものか。本章では、横浜市立大学における多文化交流ゼミの取り組みを一例に、英語による授業の魅力と成果、課題などについて議論していきたい。

2.「多文化交流ゼミ」とはどのような授業か？

2.1 概要

　多文化交流ゼミは、教員による講義、学生を中心としたグループディスカッションなどを含め、授業を100％英語で行う選択科目で、履修生は1年生や2年生の学生が中心である。全ての授業内活動を英語で行うことから、PE の単位を取得していることが履修条件となっている。語学として英語を学ぶ英語教育と、英語による専門教育の中間に位置付けられている多文化交流ゼミは、PE や APE で習得した英語スキルを、「話す・書く」という実践とつなげ、自分自身を表現するためのツールとして使うことを目指しており、授業内で英語自体の指導を集中して行うことはない。授業は毎週設けられたテーマに沿った講義とグループディスカッションで構成され、学期末には学生たちによるグループプレゼンテーションを行う。また各学期に2、3回、多様な言語・文化的背景をもつ外部講師によるゲストスピーカーセッションなども行っている。

　多文化交流ゼミの履修者の多くは大学に入って間もない日本語話者の学生であるため、授業では、Discussion Journal と呼ばれる英語によるレポート[1]の書き方、プレゼンテーション技法、文献検索の仕方、脚注のつけ方といった、大学で学ぶための基本的なアカデミックスキルズに加え、課題提出のルールや教員へのメールの書き方など、大学生活力や社会人としてのマナーに近いものまで、学生の様相に合わせ、様々な指導を行っている。

2.2 授業内容

　筆者の担当する3つの多文化交流ゼミの目的は、様々なテーマを扱うことで幅広い知識を獲得し、柔軟で高度な思考力や判断力を養うことである。同時に、自分の考えを表現し、他者と理解し合い共通の課題解決に向かって協力するためのツールとして英語を使えるようになることも、3つのクラスに共通した目標である。

　"Comparing Education in the World" は、教育における問題を世界的な視野で捉え、広く教育に関するテーマを扱う授業である（表1参照）。多文化交流ゼミのなかでは、より専門科目（比較・国際教育学）に近い科目である。教育を専門とした（もしくは将来的に専門とする予定の）学生は決して多くないが、学生はみな何らかの形で学校教育を受けてきていることから、教育は

学生にとって非常に身近な議題である。身近なテーマであれば、それについての問題点を捉えやすく、自身の経験をもとに意見の発信も行いやすい。

一方で、身近であることは、経験に基づいた感覚的な議論になってしまうというリスクもある。そこで、授業での議論をより学問的かつ論理的なものにするため、まず教員がその地域における教育的な議題に関して今までどのような研究や調査、議論が行われてきたのかといった先行研究をスライドなどで示し、データや資料なども提示しつつ、根拠をもって意見を述べることの重要性を伝えている。

表1　多文化交流ゼミ "Comparing Education in the World" シラバス（2018年度前期）

1	Class Introduction & Screening
2	An Introduction to Comparative Education
3	Culture and Education
4	Economic, Political, Social and Historical Contexts for Comparison
5	Education in the Developing World
6	Education in Japan
7	Education in South Korea and China
8	Education in the United States
9	Research Methods and Presentation Skills
10	Education in Europe
11	Education in ASEAN Countries
12	Topic to be determined
13	Group Presentation #1
14	Group Presentation #2
15	Final in-class Essay Exam

"Japan from Foreigners' View" と "Global Communications" は、専門領域としては日本研究や日本学に近い科目である。"Japan from Foreigners' View"（表2参照）はその名前の通り、日本に関して海外からの視点の理解を中心に扱い、"Global Communications"（表3参照）は、グローバルな規模で異文化コミュニケーションを実践するための批判的思考（Critical Thinking）と英語による発信力強化により力を入れている。

双方の授業では、毎回異なったテーマでディスカッションを行う。2017年度までに扱ったテーマは、ジェンダー、歴史認識と平和、人々の移動、言語とグローバリゼーションなどで、日本のみならず世界規模で人びとが共有する課題や、日本という国や自らの立ち位置を相対化できるテーマを選んでいる。これらのテーマを通して、世界を多面的かつ批判的に見ること、また簡単に答えの出ない問いに対して、論理的で建設的な議論を重ねるためのトレーニングを行う。その他にもその時重要だと考えられるテーマ、例えば原発問題（2013年度）、東京オリンピック（2014年度）、移民問題（2015年度）、「ポスト真実」とメディアリテラシー（2016年度）などを扱った。

表2　多文化交流ゼミ "Japan from Foreigners' View" シラバス（2017年度前期・後期）

1	Class Introduction & Screening
2	Gender Difference
3	The Art of Tattoo
4	Topic to be determined
5	Guest Speaker Session #1
6	Education: Internationalization and Foreign Language Learning
7	Social Life: Work-Life Balance
8	Guest Speaker Session #2
9	Preparation for Group Presentation: Learning Research Methods & Grouping
10	Historical Recognition, and Responsibility: Historical and Modern Issues Revolving around the Pacific War and its Aftermath
11	Topic to be determined
12	Guest Speaker Session #3
13	Group Presentation #1
14	Group Presentation #2
15	Course Wrap-up and Final Essay Exam

表3　多文化交流ゼミ "Global Communications" シラバス（2017年度後期）

1	Class Introduction & Screening
2	Social Issues in Japan: Gender and Family
3	Globalization and Language: 'Linguistic Imperialism', 'World Englishes' and 'Plurilingualism'
4	Guest Speaker Session #1
5	Cultural Essentialism and Diversity
6	International Mobility: Studying Abroad and Intercultural Exchange
7	Historical Recognition: 'Comfort Women' Issue
8	Preparation for Group Presentation
9	Guest Speaker Session #2
10	Group Presentation #1
11	Group Presentation #2
12	Group Presentation #3
13	Group Presentation #4
14	Group Presentation #5
15	Course Wrap-up and Final Essay Exam

2.3　授業の流れ

　多文化交流ゼミは、日本の大学でよく見られる受動的な学習（大教室で教員が教壇に立ち、一方向的な講義を行い、学生は基本的に受け身で授業を聞く）とは異なり、学生の積極的な授業内活動を含んだアクティブ・ラーニング[2]型の授業として設計されている。授業を通して異なる他者と協働し、課題を共有し、課題の解決に向けた学術的な議論を行うスキルや能力を育てるためには、双方向・多方向の知的活動が不可欠だからである。

　多文化交流ゼミでアクティブ・ラーニングの具体的実践としてあげられるのが、毎回の授業で行っているグループディスカッションである。90分の授業は、講義とグループディスカッションを交互に行う形で進行する。教員は教壇でスクリーンにパワーポイントのスライドを投影し、テーマの導入や授業で扱うテーマで大事な概念の整理（例えば「ジェンダーとは？」「グローバル化と国際化の違いは何か？」など）や、参考になるデータの提示などを行う。スライドの中には、学生が主体的に考えられるように多くの問いかけやクイズを取り入れ、パワーポイントのアニメーション機能などを使用し

て、講義もなるべくインタラクティブな時間になるよう工夫をしている。講義とグループディスカッションは、各10〜15分をめどに交互に行い、各グループディスカッションの後には各グループが話し合ったことをクラス全体に発表することで、次の議論につなげている（表4参照）。

　英語によるアクティブ・ラーニングの取り組みの例として、ディベートもまた一般的に行われる活動の1つであるが、多文化交流ゼミの授業では、ディベードではなくディスカッションを採用している。ディベートとディスカッションは双方に利点があるが、ディスカッションは社会で行われている議論の実践により近く、厳格なルールがない中で対話を構築するスキルを磨けること、議論を二分したり白黒をつけたりせずあえてグレーゾーンを残したまま話し合えること、複雑で多層的な問題の落としどころ（解決策）の探し方や、必要であれば自分の考えを柔軟に変えること、早急に結論を出すのではなく、長い目で課題に向き合い続けることの大切さを知ることができると考えられるからである。

表4　多文化交流ゼミの授業の流れ

時間の目安[3]	内容
10分	授業の流れの提示、テーマの導入（概念・語句の定義説明など）
15分	Preliminary Discussion（1回目のディスカッション）
15分	ディスカッションのまとめ、更なる知識・視点・問題点の導入
15分	Interim Discussion（2回目のディスカッション） Group Work（それぞれのグループのディスカッションサマリーや結果を発表・前に出て黒板に板書）
5-10分	ディスカッションの内容を受けた全体での話し合い
10分	内容への補足、講師による議論整理、更なる視点の導入
15分	Wrap-up Discussion（3回目のディスカッション）
5分	まとめ、今後の課題の提示、来週のテーマと課題（宿題）について

2.4　授業の進め方とプレゼンテーション

　多文化交流ゼミで毎授業3回設定されているグループディスカッションは、各回異なった役割を想定している。1回目のディスカッションでは、その回のテーマについて現時点での学生個人の考えや経験を共有するような質問を用意する。2回目のディスカッションは、その日のテーマと重要な概念などを理解した上で、特定の関連問題についてどのように考えるか、もしく

は何が問題となっているのかをグループワークを通してまとめるようなディスカッションである。3回目のディスカッションでは、2回目のディスカッションとその後のクラス全体での議論、追加の講義などを受け、テーマに関するより大きな問いに対して、自分の視点・考えやグループとしての意見をまとめていく。

例として、"Global Communications"の第7回目（Week 7）の授業で取り上げたHistorical Recognition（歴史認識）のディスカッションクエスチョンを示したのが以下の表5である。

表5　ディスカッションクエスチョンの例（Week 7 Historical Recognition, "Global Communications" 2017年度後期）

	Discussion Questionの主旨	例
1回目のディスカッション（Preliminary Discussion）	学生の経験、考えを問う	現代日本における「歴史認識問題」としてどのようなものがあるのか？　それはどのような内容か？　それに対してどう考えているか？
2回目のディスカッション（Interim Discussion）	テーマ・問題に関する分析及び検討を行う	「慰安婦問題」の争点は何か？（→グループワークで争点をまとめ、黒板に記入ワーク）
3回目のディスカッション（Wrap-up Discussion）	これまでの議論を踏まえ、テーマに関する大きな問いに対する自分の視点・考えをまとめ、グループで共有する	第二次世界大戦に関連して、「戦争責任」についてどのように考えるか？

また、学期の後半から学期末にかけては、学生たちによるグループプレゼンテーションを行っている。テーマ設定は自由であるが、多文化交流ゼミの目的に沿い、日本と国際社会双方に深く関連し、現在進行形で様々な視点から議論が行われているテーマ、という条件をつけている。これまでに学生が選んだテーマとしては、「テロとの戦い」「TPP」「教育とナショナリズム」「教育と格差」「死刑制度」「アファーマティブアクション」「日本と世界のフェミニズム」などがある。

2.5 成績評価

多文化交流ゼミにおける成績評価は、その大部分を Participation（授業参加・ディスカッションにおける貢献）が占める。Final in-class essay（期末教場試験）に関しては、"Global Communications" と "Comparing Education in the World" のクラスでは、全ての資料や電子辞書、メモ等の持ち込みを可能にしている。多文化交流ゼミの期末試験は、知識や記憶を問うのではなく、問題に対してどのように自分の意見をまとめることができるか、その論理的思考力を問うているからである。

Group Presentation は、評価全体の 30% が割り当てられているが、そのうちの 10% は内容と議論（Contents and arguments）に、10% は学生参加（Audience involvement）に、残りの 10% はプレゼンテーションパフォーマンス（Delivery of presentation）にと細分化されている。1 グループ 20 ～ 30 分程のプレゼンテーションを行い、グループの学生全員が同じ評価（点数）を得る。グループプレゼンテーションではプレゼンター（発表者）が一方的に話すだけでなく、授業の時と同様、問いかけやディスカッションを取り入れ、学生たちで授業を運営するような形式をとっている。そのため、Participation の評価には通常授業中の授業参加や議論への貢献だけでなく、グループプレゼンテーションへの聞き手としての参加と貢献も含まれている。

また多文化交流ゼミは、教員・学生間のインタラクションが多く、上級生や教員とも比較的フラットな関係性のなか、活発でアットホームな雰囲気で行われているが、一方で意識的に厳しくしている部分もある。そもそも多文化交流ゼミのような英語による選択科目では、この授業を履修したいと考える学生が集まっているため、学生の学習意欲が非常に高く、学びに対する学生の自主性に信頼を置くことが可能である。しかし、課題提出の事前送付が締め切り時間を 1 分でも遅れたら受け付けない、他者の発言・発表時の私語厳禁など、学問に関する活動に関しては、厳格なルールを設定している。

3. 多文化交流ゼミの魅力

3.1 多様な学生と多様なテーマ

本節では、多文化交流ゼミの魅力について、筆者が考える点を 3 つあげたい。

1 つ目の魅力は、学生と扱うテーマの多様性という点にある。多文化交流ゼミに多様な学生が集まる理由として、全学部の学生が履修可能な科目であ

ること、英語で開講されているために海外からの留学生や帰国生の関心をひきやすいことが考えられる。このように多様な学生たちによって構成されている授業は、学生たちに豊かな視点と、自分自身の価値観や考え方を見つめ直すチャンスをもたらしている。

　学生だけでなく、授業で扱うテーマも多様だ。多文化交流ゼミでは、各専門課程の範疇(はんちゅう)に入らない学際的で時事的なテーマを扱っている。これらのテーマは特定の分野や専門知識を前提としていないため、議論に参加しやすい一方で、論理的で学術的な議論をするためには、事前学習や授業中の講義を理解する能力が求められる。現在では、インターネットがより身近なものになり、学生たちはパソコンやスマートフォンを使って、簡単に情報や知識にアクセスすることができる。授業で必要とされる知識が、比較的誰にでもアクセス可能であることが、共通語としての英語を使ってのコミュニケーションと議論を可能にしている。

3.2　英語からその先へ

　2つ目の魅力は、英語「による」学びの面白さと難しさを発見できることである。第1回目の授業の際、学生に履修動機を聞くと、「英語力（特にスピーキング力）の向上」に関心があったという学生が大多数であり、テーマに関しては「なんとなく面白そうだな」程度にとどまる。しかし授業を重ねていくごとに、英語で自分の意見を話すためには、まず知識がないと話せないこと、英語力だけではなく知識力・思考力が必要であるということに気づいていく様子が見られている（嶋内, 2016b）。

　多文化交流ゼミの履修生には英語に関心があり、高校時代から国際的な活動を行ってきた学生も多い。しかしながら、当然学生間には英語力の相対的な差が存在しており、第1回目の授業で帰国生などと一緒のグループになった学生が自分の英語力に自信をなくし、履修を諦めてしまうというケースも度々ある。筆者は授業で、リンガフランカ（国際共通語）としての英語（ELF）の使用と、複言語主義の考え方に基づいた、それぞれの目的意識にあった英語力の発展を提示し、英語が話せることやその流暢さが重要なのではなく、大事なのは「中身」であること、「中身」とはロジック（論理と論理的思考）と情報・知識によって成り立つことを伝えている。さらに成績評価に関しても、評価時点での英語スキルで判断するのではなく、学期を通した英語による発信力向上のプロセスと授業内でのパフォーマンス（ディスカッションへ

の貢献など）を評価するとしている。しかし、学生にとって最も関心があるのは、やはり自分の英語力、とりわけスピーキングのスキルであり、授業では学生が実践を積みながら英語での発信力を伸ばせるように心がけている。

例えば、英語力に不安を感じてなかなか話し出せない学生、英語は比較的話せるけれどあまり積極的に発言しない学生などがいれば、その学生に話を振る、グループでのディスカッションをまとめて発表する時に指名するなどを通して、なるべく多くの学生が発言するチャンスを得るような工夫もその1つである。そのような授業での実践を通して学生たちは自信を得、当初は英語力に自信のなかった学生も積極的に発言するようになるなど、学期を通して学生たちが変わっていく姿も見られる。教員からの問いかけに積極的に答えたり、グループの中でまとめ役になったりするのは、当初は比較的英語の得意な学生に集中しがちだが、授業の回数を重ねるごとにその学生の層が広がっていく。そして授業でのグループディスカッションやプレゼンテーションという実践を通して、アカデミックな議論において重要なのは、英語の流暢さではなく、問題に対する意識や自分の意見とそれを支える知識や論理的思考力である、ということに気づいていくようだ。学期末の授業アンケートでも、「中身」が重要だということが分かった、というコメントがよく書かれており、多文化交流ゼミでの経験が、英語からその先への学びへとつながっていると考えられる。

3.3 学生を「主役」にするための試み

3つ目の魅力は、多文化交流ゼミが、学生たちが中心となって行われていることである。その背景には、履修者を20人から25人程度に絞った少人数制のクラスであることがある。学生数が少ないと、まず教員は学生の名前を最初の1か月ほどの間に覚え、授業中の指名や学生が欠席した時のフォローアップ等も円滑に行うことができる。授業では、学生を4人程度の5つから6つのグループに分けてディスカッションを行うが、毎回誰がどのグループにいたのかを記録し、毎回新しいメンバーとディスカッションができるようにグループを編成している。多くの人と意見を交わせるという点で、クラスの人数は少なすぎても難しい。一方、1クラスの人数が30人を超えると全体で総括議論をする際にグループの様々な意見を聞きまとめていくことに時間がかかりすぎてしまう。1つのグループは、3人では学生同士で遠慮してしまうケースも多く、5人だと英語に苦手意識を持つ学生が消極的になって

しまったり、個人の発言機会が減ってしまったりする可能性があり、多文化交流ゼミを6年間行ってきた経験からは、グループディスカッションで学生一人一人がその能力を発揮し伸ばすには、4人が最も望ましい人数であるように思う。

　学生が「主役」の授業を実施するためには、教員が知の提供者であると同時に、自由な議論の場の創造者であり、教室における知の営みのファシリテーターであることが大切である。このような認識のもと、筆者が教員として心がけているのは、授業中の学生の発言に対して、まずは受容の態度を示すことである。具体的には、うなずきや相槌などをしっかりする、学生の意見がどんな内容でもまず受け止めるという態度を示す。個人的な意見や感情であればもちろんのこと、たとえ内容が事実と反していたり、一面的な見方であったり、論理的におかしな部分があったとしても、途中で遮ったり否定したりせず、最後まで聞いた上でまず一度受けとめる。教室において相対的に権力的な立場にいる教員が、このような態度を徹底することで、学生は「ここは自由な意見の表現が可能な場所である」と身体的に理解することができる。

　学生が英語を使って表現するのが難しく説明が冗長になったり、言い淀んでしまう時には、教員がリフレーズ（異なる表現や文章での言い換え）することも効果的である。言語の学びは、単語をそのまま覚えるよりも、自分の言いたいことをピンポイントで言語化された時により確実に知識として定着するため、言語学習という点でもリフレーズは役に立つ。また、自分の発言が他者に再構築されることで、自分の発言内容の問題点や矛盾に気づく学生も多い。論理的に矛盾があったり、一面的な主張に対しては、「だとしたら、これはこういうこと？」と学生の意見の問題点を浮き上がらせるような内容を、あえて質問の形で問いかける。すると学生は先ほどの主張に再考すべき点があると気づいたり、自分の主張を相手に理解してもらうために何が必要なのかを考えたりすることができる。

　次に重要なのは、教員が喋りすぎない、ということである。教員が1人で話す時には、学生の意見を受け、そこから論理や知識を繋げて発展させるという形で話す。それは学生が発言し、意見を表明することによって知的営みが広がっていくということを理解してもらうためである。教員はあくまでもファシリテーターであり、絶対的な「答え」の提供者ではない。政治的・思想的な問題に限らず、多くの課題において、教員の見方や考えは、言葉では

っきりと明示しなくてもにじみでてしまうこともある。しかし、教員が学生の自由な思想と表現を受容するように、学生もそれを受容し、一方で鵜呑みにせず、クリティカルに解釈し消化していくこと、またそれができるような雰囲気作りや、評価基準をしっかりと明示することが重要である。

4. おわりに：多文化交流ゼミの課題と展望

　多文化交流ゼミは、その目的や基本的な授業方法などは一貫しているが、毎年テーマの更新を行っていることに加え、課題として使用するリーディング資料や教員による講義は、先学期までの授業の様子や評価などを受けて調整や改善を重ねている。ディスカッションの際に設定した質問が学生たちに理解されにくかった際には質問を変えたり、到達点を高く設定するためにより情報量の多いリーディングを用意したり、知識導入の時間を減らし、議論の展開により多くの時間を費やしたり等、これまでの取り組みを参照に改善してきた。前述したように、多文化交流ゼミを履修する学生の英語力は年々上がってきており、それと同時に学生たちに伝達することの可能な知識レベルが上がり、より学術的な議論が可能になって来ていることからも、毎年改良を重ねる必要性を感じている。

　この科目が学期末の学生評価においても好評価である背景として、履修学生のモチベーションの高さを無視することはできない。学生の英語力には差異があるが、全ての学生が英語で議論したい、もっと自分の意見を英語で話せるようになりたい、という強い意思を持って履修している。アクティブ・ラーニングを成功させるには、学生たちの文字通り「アクティブな」参画と授業への貢献が不可欠であるが、その意味で多文化交流ゼミは意欲的な学生たちのアクティブな参加で成り立っている。

　以上のように前向きな評価をした上で、以下では筆者の考える多文化交流ゼミの課題を3つ記しておきたい。

4.1　英語への従属？

　嶋内（2016a）でも指摘されているように、英語の運用に自信がない層ほど英語のネイティブ性への執着が高いという傾向は、多文化交流ゼミでも見受けられる。例として、特にゲストスピーカーの授業の際に、ゲスト講師が英語の母語話者であるとその話す内容を鵜呑みにしたり、過剰に同調を示した

りするといった傾向がある。その理由の一端には、自分の英語力の相対的な不足感から、発表者に批判的な思考やコメントをすることを無意識的に避ける部分もあるように思う。

　アクティブ・ラーニングや教養の学びには不可欠である批判的思考（Critical Thinking）を実践する上で、英語力が足かせとなり、英語運用能力における差異が、言語的に相対的優越性を持つものへの精神的従属になってはならない。英語を自分のものとして、国際共通語（リンガフランカ）として捉えていくためには、英語という言語を自分が使いこなせている、という意識を持てることが必要である。そのためには、英語力そのものを向上させる取り組みに加え、自分が日常的に使用し、それを自分の意見や思考を伝えることのできる「自分のことば」として捉えられるような意識変革が必要であるが、多くの日本人学生の過ごす環境からは、なかなか難しい課題でもある。

4.2　いつ多文化交流ゼミを履修するのか？

　多文化交流ゼミは、横浜市立大学における英語教育のPE・APEの発展科目として位置付けられており、英語で行われる専門科目との中間に位置付けられている。本来ならばPEを修了した学生は、APEを履修してから多文化交流ゼミの履修をするという流れなのだが、中にはAPEを取らないまま多文化交流ゼミの履修をする学生も多く、十分ではない英語力のまま参加することで自信をなくしてしまうケースや、履修しても授業やディスカッションについていくのが難しいというケースも時折見られる。

　また多文化交流ゼミの履修希望者は毎学期募集定員を超過するほどの人気授業であり、履修を希望していてもスクリーニングを経て履修が不可となる場合も増えている[4]。多文化交流ゼミのような授業をもっと増やすことができれば、学生にとっての選択肢がより多くなり、英語を実践的に使う機会も増やしていくことが可能である。

4.3　時間外学習（予習・復習）をどう指導するか？

　多文化交流ゼミの学生評価は非常に高く、2013年度から2017年度までの授業評価アンケートの項目別回答分布[5]をみると、多くの項目で非常に満足しているという答えを得ている。しかしそのなかで唯一、平均評定が4.5を切る項目が授業外学習時間を問う質問項目である。Discussion Journalを課しているクラスは7割以上の人が週に3時間以上課外学習をしていると回答

する一方、ライティングの宿題のないクラスでは、リーディングの課題を出しているものの読んでこない学生も少なからずおり、予習・復習を含め授業外でどのように自立した学びを継続するかという点において、大きな課題を残している。

　このような問題点に関して、2018年度に開講した "Comparing Education in the World" のクラスでは、学期末だけでなく学期中にも個人のショートプレゼンテーションを課した。毎回の焦点として設定された国・地域における教育に関する英文ニュース記事を探し、その記事の要約をクラス全体に説明し、各学生の問題意識に基づくディスカッションクエスチョンを提示する、という5分程のプレゼンテーションである。この課題を追加したことによって、学期末のグループプレゼンテーションだけでなく、学期中も日常的に教育に関するニュースや問題に関心を持って接するようになることを期待している。1学期をこのやり方で行った所感としては、教員が課題文を用意して事前に配るよりも、学生たちが自ら課題を探し、全体でのディスカッションが盛り上がるような質問を考える作業を行ったことで、より主体的に授業内容に取り組むようになったと考える。またこれらの学生プレゼンのうちから任意に1つを選び、そのディスカッションクエスチョンを期末試験のエッセイ問題の1つに加え、学生の復習を促した。毎回授業の2日前までに送られてくるショートプレゼンテーションに基づき、授業を組み立てていったため、教員としての負担は以前より多くなったが、2018年度前期の様子を見る限り、このやり方は成功したと考えている。

　多文化交流ゼミでは、これからも多様な他者と理論的に議論を交わすためのコミュニケーション能力をつけ、性急に白黒をつけたり善悪を判断したりするのではなく、簡単に答えの出ない問題に対する自分なりの見方とそれを支える論理を学び、そして他者の意見に耳を傾けることのできる柔軟性を身につけることを目指していきたい。そのためには、一方的な講義や受動的な学びからは一線を画し、共通語としての英語を用いた学生の主体的な授業参画を促すため、様々な工夫と改良を重ねていくことが不可欠である。また大学としても、多文化交流ゼミのような英語によるアクティブ・ラーニングの科目を増やし、学生に多くの選択肢を与えると同時に、その段階的な学びの全体像を初年時の時点で理解し、自ら構築していけるような仕組みを提示していく必要があると考えている。

注

1) "Japan from Foreigners' View" のクラスでは、学生は Discussion Journal という英語による小論文を毎週提出することが義務付けられており、最低 300 ワードを目安に、毎回授業で扱ったテーマに関して自ら問題提起を設定した Discussion Journal を提出する。教員はそれらを論理展開、独自性、参考資料の適切な使用などを指標に 10 点満点で採点し、英語文法や内容への添削コメントも入れた上で、次の週に返却している。

2) 溝上（2014）によれば、アクティブ・ラーニングとは「知識習得以上の、活動や認知プロセスの外化を伴う学習」の形態を指す「学習」概念である。1980 年代からアメリカの大学で使われ始めた教授・学習方法を表す言葉で、日本でも、2012 年の中教審答申「新たな未来を築くための大学教育の質的転換に向けて」や 2014 年の「新しい時代にふさわしい高大接続の実現に向けた高等学校教育、大学教育、大学入学者選抜の一体的改革について」のなかで奨励され、「教育による一方向的な講義形式の教育とは異なり、学修者の能動的な学修への参加を取り入れた教授・学習法」と定義されている。

3) ここで記した時間はあくまでも目安であり、この通りに進まないことも多々あるが、毎年講義やディスカッションクエスチョンの改善を行い、なるべく円滑に進めるように工夫している。

4) 学期にもよるが、毎年特に前期の "Japan from Foreigners' View" のクラスと後期の "Global Communications" のクラスは履修希望者が多く、40〜60 人ほどの希望者が第 1 回目の授業に出席し、エッセイと教員によるインタビューなどによって最終的な履修者を決定している。

5) 自由記述一覧では、この授業で特によかったことで「ディスカッション重視だったところ」「英語で意見を述べたり話し合う楽しさを知れた」「日常でも専門的にも役に立つ知識がついた」といった意見が見られる一方、改善点については「必修科目とかぶらないようにカリキュラムを変えてほしい」といった意見も寄せられている。多文化交流ゼミは例年水曜日の 4、5 限に開講されているが、その時間に必修のゼミなどが入ってしまった場合、履修を諦めるという学生も少なくないようである。

参考文献

嶋内佐絵（2016a）『東アジアにおける留学生移動のパラダイム転換——高等教育国際化と「英語プログラム」の日韓比較』東信堂

嶋内佐絵（2016b）「国際的資質のジェンダー位相——日本における英語による教育プログラムに着目して」『横浜市立大学論叢人文科学系列』68 (1), 95-112.

溝上慎一（2014）『アクティブラーニングと教授学習パラダイムの転換』東信堂

第15章 英語の教え方を英語で学ぶ！

土屋 慶子

1. はじめに

　「英語科教育法」は、将来、中学校や高等学校などで、英語を教えることを志す学生たちが受講する教職科目の1つである。いわゆる教員免許と呼ばれる、外国語（英語）の一種免許を取得するために必要な必修科目であり、言語習得の理論と教授スキルを、講義と実践を通して学んでいく。本学の「英語科教育法」の受講生は必ずしも英語教育や英文学を専攻しているとは限らず、社会学や都市学など様々なコースに所属する学生たちが受講している。

　本講義の特徴は、今日の言語教育の潮流の1つである、内容言語統合型学習（Content and Language Integrate Learning、以下 CLIL）という学習アプローチを取り入れている点である。従来の英語の授業では、英語という「言語」の習得を目的に、先生が生徒に文法や表現を教えることが一般的だが、CLILのアプローチでは、「言語」と「科目の内容」の両方を、学習者が主体的に学ぶことに重点を置いている。本章では、CLIL の理論とその導入の背景、本講義での CLIL 実践について紹介する。

2. CLIL とは

　CLIL は、ヨーロッパで考案された学習アプローチであり、多言語主義政策を背景として、1990年代後半に欧州の国々で導入された。グローバル化が進む中、欧州連合（the European Union、以下 EU）に加盟する国々にとって、EU 圏内で労働力の流動性を高めることは急務であり、そのために、複数の欧州言語を教育する方針と仕組みが必要であった。そこで EU の執行機関である欧州共同体委員会は、母語に加え、それ以外の2つの欧州言語を習得することを推奨する言語政策を提唱した。そして、その実現のための教育システムとして CLIL を採用した（Commission of the European Communities, 2003）。今ではヨーロッパのみならず、日本を含むアジアの国々でも、小学校から大学に至るまでのあらゆるレベルの教育機関で、CLIL が導入、実践されつつ

ある。

　CLILの学習アプローチでは、授業実践で考慮すべき4つのポイントを挙げている。それらは4つのCと呼ばれ、それぞれContent（教科内容）、Communication（言語学習と使用）、Cognition（学習・思考プロセス）、Community（文化やコミュニティ）を意味する（図1）。学習者たちが、どのようなコミュニケーションを通して、何の知識を得ることが目的なのか、そのためにはどのような学習活動が必要なのか、またそれは学習者の属する文化やコミュニティとどのように関わっているのか。CLILの実践においては、これらのポイントを押さえて、授業を計画することになる。

　例えばCognition（学習・思考プロセス）について授業案を検討する際には、学習活動を行う上で必要となる、思考プロセスの難易度に考慮する必要がある。比較的簡単な学習活動を「低次思考スキル（Low Order Thinking Skills, LOTS）」、難易度の高い学習活動を「高次思考スキル（High Order Thinking Skills, HOTS）」と区別し（表1）、学習者がLOTSからHOTSへと段階を踏みながら学習を進めることができるよう、授業計画を行う。

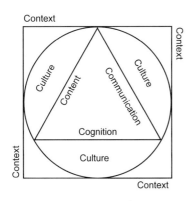

図1　4Cフレームワーク（Coyle, Hood & Marsh, 2010, p.41. 原図を基に再作成）

表1　LOTS（低次思考スキル）とHOTS（高次思考スキル）

LOTS（Low Order Thinking Skills）	HOTS（High Order Thinking Skills）
Remembering（記憶） Understanding（理解） Applying（応用）	Analysing（分析） Evaluating（評価） Creating（創造）

（Coyle, Hood & Marsh, 2010, p.31）

　また学習者の内容理解を促すために、視覚教材や図・表等を多く取り入れたり、活動の中で使用する言語表現を事前に確認するなど、授業を工夫す

第 15 章　英語の教え方を英語で学ぶ！

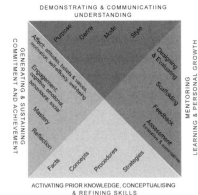

図2　複合リテラシー育成モデル
（Meyer, Coyle, Imhof & Connolly, 2018, p.288. 原図を基に再作成）

ることが重要である。それらの考慮すべき点は、複合リテラシー育成モデル（the model of pluriliteracies teaching for learning, 図2）の中で詳細に示されており、そこには（1）学習者の関与と達成、（2）教育者による学習状況・個々の生徒の成長の把握、（3）理解したことの表現と伝達、（4）既習得知識の活性化と概念化スキルという4つの側面が表されている。学習者の認知のみならず、感情やふるまい、社会的側面にも注意を向けること、また学習の過程をより重視した評価システム（formative assessment）を取り入れることに言及している点も特徴的である。

　本講義では、特に言語活動を通じた教科内容理解を目指し、それを可能とするグループやペアによるタスクを多く取り入れている。以下に、講義の概要、具体的な授業例、課題と評価について紹介する。

3. 講義概要

　「英語科教育法」の講義では、第二言語習得理論と英語教授法の多様なアプローチを体系的に理解し、それを基に対象とする学習者にふさわしい授業案と教材を作成、実際に教授を行うスキルを身につけることを目標としている。受講生は 20 〜 35 名ほどで、前・後期の各15回開講され、第二言語習得理論の理解のための講義を中心とした授業と、教材作成や授業実践などの学生による活動を主とした授業とを組み合わせている。ここでは特に、前期の講義内容について詳細を述べる（表2）。

表2 「英語科教育法」前期シラバス

	講義内容	主な活動
1	Introduction	
2	Theories in Second Language Acquisition（1）	講義
3	Theories in Second Language Acquisition（2）	講義
4	Language Teaching Methods（1）	学習活動
5	Language Teaching Methods（2）	学習活動
6	Language Teaching Methods（3）	学習活動
7	History of English Language Teaching	講義
8	Library Seminar for Essay Writing	講義
9	Four skills: How to teach Reading and Writing	講義
10	Four skills: How to teach Listening and Speaking	講義
11	Teaching and Testing	学習活動
12	Technology in Language Teaching	学習活動
13	Material Development	学習活動
14	Presentation（1）	評価
15	Presentation（2）	評価

　初めの数週間は、まず第二言語習得理論に関する講義を中心とした授業にて、教授法の理論的背景を理解し、その後、第4～6週目にかけて、グループごとに異なる教授法の実践を行う。予め用意された授業案に沿って授業演習を行いながら、Grammar-Translation（文法と訳読を中心とした教授法）からContent-based Approach（内容を重視した教育法）まで様々な教授法を実際に体験し、その長所・短所を理解する。第7週目の講義では、前週までに体験した教授法と、それらに影響を与えた理論枠組みを時系列で整理し、英語教授法が、それぞれの時代の思想を取り入れ変遷を経てきたことを理解する。また現代のグローバル化の流れを受け、これまでの英語母語話者を模範とした英語教育から、多言語主義や共通語としての英語（English as a Lingua Franca, ELF）の概念を取り入れた英語教育へと変わりつつある現状を認識する。
　第8週目は、コンピュータ室にて、図書館司書を講師とした論文執筆のためのセミナーを行い、学術論文検索の方法、参考文献の記載方法などについて、演習を通して学ぶ。第9、10週目は、「聞く、話す、読む、書く」の4技能を習得するための学習活動について、DVDなどの視覚教材を使用しモ

デル授業を視察したり、教師役・生徒役に分かれ、学習活動を実践することを通して理解する。第11週目は、言語テストの種類と実施方法について学ぶ。グループに分かれ、与えられた複数のテスト資料を分析、テストの目的や出題様式をもとに分類し、それぞれのテストの特徴を理解する。12週目はコンピュータ室にて、ICTを用いた言語学習や教材作成を体験する。第13週目は、これまで学んできた第二言語習得の理論と英語教授法をもとに、学習活動のための教材作成を行い、第14、15週目のグループ（あるいは個人）発表にて、作成した教材の説明と模擬授業を行う。

　講義は全て英語で行うため、学生たちが準備できるよう、事前に各講義で取り扱う内容を提示し、英語で書かれたテキストの関連する章を読むことを予習課題としている。次に、英語科教育法の専門知識を学生たちが英語で理解することができるよう、講義を行う上で工夫している点について紹介する。

4. LOTS / HOTS と協働学習

　受講生の多くは、日本の中学・高等学校で英語を学び、大学に進学した学生たちであり、英語による講義を通して英語科教育法を学ぶことは、彼らにとって容易なことではない。そのため授業では、一方的な講義に終始せず、各回に必ずペアやグループによるタスクを取り入れるよう工夫している。

　例えば、第二言語習得理論では、コミュニケーション能力（Communicative Competence）には、文法能力（Linguistic Competence）、社会言語能力（Pragmatic Competence）、談話能力（Discourse Competence）、方略的能力（Strategic Competence）の4つの能力が含まれるとされる。それらの概念を学ぶ授業では、まず導入として、下記のような簡単なタスクをペアで行う。

Task 1
What is language ability? Write three elements of language ability and compare your answers with your partners.
（言語能力とは何か？言語能力の3つの要素を挙げ、友だちの意見と比べよう。）

Your answer（あなたの答え）　　　Partner's answer（友だちの答え）
・　　　　　　　　　　　　　　　・
・　　　　　　　　　　　　　　　・
・　　　　　　　　　　　　　　　・

ペアでのディスカッション、ディスカッション内容に関するクラス全体での意見交換の後、コミュニケーション能力の4つの能力をより深く理解するため、グループ・タスクを行う。

　まずグループA～Dに、以下の図3にある（A）～（D）のカードのうち1種類だけを（グループAにはカード（A）を、グループBにはカード（B）という具合に）配布し、グループごとでそれぞれのカードの内容を理解するよう指示する。その際、テキストや辞書を参照し、分からない用語等を確認しながら、グループで協力して内容を理解するよう学生たちに促す。

(A) Linguistic Competence
・Linguistic competence is concerned with knowledge of the language itself, its form and meaning.
・Linguistic competence involves a knowledge of spelling, pronunciation, vocabulary, word formation, grammatical structure, sentence structure and linguistic semantics.
（Hedge, 2000, pp.46-47）

(C) Discourse Competence
・Consider the following example.
Teacher: What did the hurricane do?
Student: It uprooted hundreds of trees.
Student uses a reference item, 'It', as a cohesive device to relate the answer to the question.
・Learners need to acquire other aspects of competence I conversational use of language: how to perform the turns in discourse, how to maintain the conversation, and how to develop the topic.
（Hedge, 2000, pp.50-52）

(B) Pragmatic Competence
・Pragmatic competence is generally considered to involve two kinds of ability. In part it means knowing how to use language in order to achieve certain communicative goals or intentions.
・The sociolinguistic component of pragmatic competence endbles a speaker to be 'contextually appropriate'.
（Hedge, 2000, pp.48-50）

(D) Strategic Competence
・Canal and Swain define strategic competence as 'how to cope in an authentic communicative situation and how to keep the communicative channel open' (1980: 25).
・These strategies come into play when learners are unable to express what they want to say because they lack the resources to do so successfully. They compensate for this either by changing their original intention or by searching for other means of expression.
（Hedge, 2000, pp.52-53）

（Hedge, 2000, pp.46-53）

図3　4つの言語能力の定義が記述されたカード

グループの全員がカードの内容を把握できたことを確認した後、グループ編成を図4のように変更する。新しいグループでは、4つの異なるカードを持つ学生たちが集まり、それぞれが理解したコミュニケーション能力の要素を発表し合う。そうすることで、4つの能力全てを学生たちが協働して理解することが可能となる（Deller & Price, 2007, p.110）。このように、新しい概念を理解するという LOTS（低次思考スキル）と理解した内容を自分の言葉で説明をするという HOTS（高次思考スキル）を組み合わせ、協働学習を行うタスクは、専門知識を英語で理解する上で有効である。

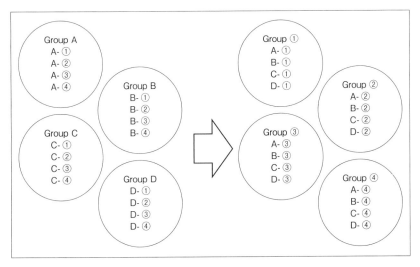

図4　情報交換のためのグループ編成変更

5. 課題と評価

　学生たちの成績は、授業への取り組み、英語によるレポートとプレゼンテーションの3つの指標によって評価している。授業への取り組みには、参加度やタスクの成果物、テキストの予習の他、各授業の最後に、学んだ内容を振り返り、その中で得た知識や気付きを書き留める自己省察ノート（Reflection Notes, 図5）も含まれる。学生の書いた自己省察ノートを読むことで、授業の理解度を把握することができ、また講義内容に関する質問にも対応することができる。

```
┌─────────────────────────────────────────────────────────────┐
│ Reflection Notes   Name: _____      Student ID: _____│
│ ┌──────────────────────────────────┐ ┌─────────────────────┐│
│ │ Date: ____  Topic: _____ │ │ Key words:          ││
│ │ _____  │ │ _____           ││
│ │ _____  │ │ _____           ││
│ │ _____  │ │ _____           ││
│ │ _____  │ │ _____           ││
│ │                                  │ ├─────────────────────┤│
│ │                                  │ │ HW: □yes  □no       ││
│ └──────────────────────────────────┘ └─────────────────────┘│
└─────────────────────────────────────────────────────────────┘
```

図5　Reflection Notes

　前期のレポート課題である Portfolio of Materials（学習教材の作成と説明）では、講義で学んだ第二言語習得理論や英語教授法の知識を活かして、実際に学習教材を作成、理論的背景と実践を結びつけ、「作成した教材を用いた活動が、いかに学習者の言語習得に有効であるか」を論じることを課題とする。課題の概要と要件は、以下の通りである。

Portfolio of Materials（学習教材の作成と説明）

- General instruction（概要）:
  - 1000 word essay in English
    （1000語の英語によるエッセイ）
  - Include at least 1 theory / definition
    （少なくとも1つは理論あるいは定義を含めること）
  - Include at least 3 teaching materials in appendices
    （少なくとも3つの学習教材を添付すること）
  - Include at least 3 references
    （少なくとも3つの参考文献を含めること）
- Requirements（要件）:
  - A brief description of the target learners, i.e. the first language of the students, their age, their level, their learning aims.
    （対象とする学習者について簡潔に記述しなさい。
    　例：生徒たちの第一言語、年齢、レベル、学習目的）
  - An introduction to each of the materials contained in your appendices. Explain your rationale for selecting or designing of the materials referring theories of SLA and teaching methods that you focus on.
    （添付した学習教材の紹介。あなたが焦点を当てた第二言語習得理論と教授法に言及しながら、学習教材を選択、作成した理由を説明しなさい。）

レポート執筆時は、初稿提出→講師による添削とフィードバック→修正後、最終稿提出という流れで、英語による学術論文執筆の指導を行う。さらにレポートで論じた内容を英語によるプレゼンテーションで発表し、作成した教材を使用して模擬授業を実践する。以下に、受講生による模擬授業の一例を紹介する。

6. 模擬授業

前期課題の1つとして、学期末にプレゼンテーションと模擬授業を課している。各自15分の発表時間の中で、まず自ら設定した対象学習者の説明と、採用した第二言語習得理論・教授法について、5分程度で説明する。その後、10分間の模擬授業にて、準備した学習教材を用いて実際に模擬授業を実践する。発表者以外の学生が生徒役となり、模擬授業を行い、発表後、学習活動や教材、教授方法等について意見交換を行う。

ここでは、高校1年生を対象として想定した、学生による模擬授業の一例を紹介する。まずはじめの5分間で、対象とする学習者の学年や学習目標と、教授法として採用したContent-based Approachについて説明を行い、その後、模擬授業を10分間行った。この例では、教材としてPRO-VISION I（桐原書店）Lesson 3「A Story of Dark and Light チョコレートの光と影の歴史」を選択し、その導入として計画した連想ゲーム（Word Association Game）の学習活動を、模擬授業として取り上げた（図6）。

模擬授業では、トピックの導入後、Dark、Lightなどの主要単語の意味をクラス全体で確認した。その後、グループ活動に移り、各グループに大きめのカード（付箋紙）を配布、テキストのテーマであるChocolateという単語から連想する語をいくつか考え、英語で書くよう指示した。次に選んだ単語が、よい側面（Light Side）と悪い側面（Dark Side）のどちらに属するかを、グループごとに考えさせ、黒板に書かれた表（中央に線を引き、左にLight Side、右にDark Sideと書いた表）に付箋を貼り、単語を分類するように指示した。付箋を貼り終えると、生徒たちが選んだ単語をクラス全体で確認し、チョコレート製造とアフリカの児童労働という、テキストのテーマの紹介へと移った。教員役の学生は、模擬授業の一連の流れを英語で行い、教授法の理論に関する理解と、授業計画・教材作成を行うスキル、そして英語で授業を実践する能力があることを十分に示し、またチョコレートという身近な話

学習活動の説明

カードに単語記入

カードの分類

図6　活動の様子

題（生徒たちが属するコミュニティ）から、児童労働という国際社会の課題（より大きなグローバル・コミュニティ）へと生徒たちの関心を向け、それらを連続性のあるものとして捉えることに成功した。

7. おわりに

　英語科教育法は、学年も、専門も、英語力も異なる学生たちが集う教職課程の授業である。そのため、学期初めは、英語による講義に慣れず、不安を漏らす学生が少なからずいる。そのような学生も含め、皆が積極的に学び専門知識と英語スキルを伸ばすことができるよう、ペアやグループワークによる協働学習を多く取り入れ、良い関係性を築き、クラスという共同体の中で、互いに助け合いながら授業を楽しむ雰囲気を醸成することが重要である。そして学期末の模擬授業では、学生たちの発想の豊かさ、新鮮な学習活動のアイデアに驚かされることもしばしばである。横浜市立大学では中学校・高等

学校の教員向け研修会も開催しており、毎年数名、教壇に立つ卒業生たちが母校へと戻ってくる。英語力、英語科教育法の知識を活かし、これからの英語教育を担う教員へと成長していく姿は頼もしく、再会をいつも楽しみにしている。

参考文献

Commission of the European Communities. (2003). *Promoting Language Learning and Linguistic Diversity: An Action Plan 2004-2006*. Retrieved Sep 16, 2013, from http://ec.europa.eu/education/doc/official/keydoc/actlang/act_lang_en.pdf.

Coyle, D., Hood, P. & Marsh, D. (2010). *Content and Language Integrated Learning*. Cambridge: Cambridge University Press.

Deller, S. & Price, C. (2007). *Teaching Other Subjects through English (Resource Books for Teachers)*. Oxford: Oxford University Press.

Hedge, T. (2000). *Teaching and Learning in the Language Classroom*. Oxford: Oxford University Press.

Meyer, O., Coyle, D., Imhof, M. & Connolly, T. (2018). Beyond CLIL: Fostering student and teacher engagement for personal growth and deeper learning. In M. Agudo & J. de Dios (Eds.), *Emotions in Second Language Teaching: Theory, Research and Teacher Education*. Cham: Springer, 277-297.

第16章 CLIL を採り入れた専門科目

加藤 千博

1. はじめに

　本章で紹介する科目 European Culture in English は国際文化コース、地域政策コース、グローバル協力コースのコース展開科目として設置されており、「YCU グローバル・スタディーズ・プログラム」[1]のコア科目の中にも入れられている。この科目は、Practical English (PE) 及び Advanced Practical English (APE) の授業を通じて引き上げられた英語力をもとに、専門領域の学問を英語で学ぶことを目的としている。国際総合科学部では各コースにこのような英語で学ぶ専門科目が置かれ、その科目数は年々増加している。

　想定される受講者は APE の到達目標である TOEFL-ITP 550 点をクリアした者、海外留学経験者、外国人留学生などであるが、実際は TOEFL-ITP で 500 〜 550 点のスコアを有する日本人学生がほとんどであり、専門領域を英語で学ぶレベルにははるかに及ばない。こうした状況で難解な学習内容を一方的に講義しても、学習者にとっての学びは多くはない。かといって専門科目の授業で語学力向上を目的にするのもカリキュラムポリシーにそぐわない。そこで本講義では、受講者のレベルを考慮して、CLIL（内容言語統合型学習）[2]の教授法を採りいれたディスカッション型の授業形式を用いて、英語を使用しながらターゲットとなる欧州文化に対する知識の獲得と欧州社会が直面する問題を考察することを目的とした授業を展開している。

　英語力の維持及び向上をはかりながらも、専門科目を英語で学んでみたいという意欲的な受講者のために、CLIL の教授法を用いながら展開するこの授業の特徴と課題を本章では紹介する。

2. 授業内容

2.1 シラバス

　以下に授業シラバスからの抜粋を紹介する。

＜学習到達目標＞
1) ヨーロッパ文化と社会に対する知識を広げる
2) EU（欧州連合）の形成過程を理解する
3) EU加盟各国の直面する課題について議論をする
4) 英語でプレゼンテーションを行う

＜講義概要＞（一部省略）
　本科目では、EUの形成過程と欧州の統合のためにEU加盟各国が行ってきた弛まぬ努力の意義を学んでいく。受講者はEU各国の文化や現在直面する課題についても調査を行う。受講者は調査内容を発表し、グループやクラス全体で議論をすることによって、ヨーロッパ社会を統合しようというこのユートピア的な試みが崇高ではあるがいかに脆いものであるかを理解していく。

＜成績評価方法＞
　授業参加（ペア・グループワーク、ディスカッション等）30％、課題30％、期末発表（プレゼンテーション）40％

＜学習上・履修申請上の留意点＞
　この科目はヨーロッパ各国の文化やEU、ならびにヨーロッパ地域と日本の関係について興味のある学生を対象としている。授業は全て英語で行われるが、受講条件に英語力は求められない。英語における誤りは評定を左右しないので、受講者は間違いを恐れずに積極的に発言することを期待される。
　毎授業テキスト1ユニット分の予習とその要旨の作成、ミニプレゼンテーションのためのリサーチが授業準備となる。授業内では担当教員による小講義を注意深く聞き、ペアワークやグループディスカッションといったクラスでのアクティビティに積極的に参加し、多くの発言をすることが求められる。

＜教科書＞
　Yuko Hosokawa, *The EU: Fundamentals Plus*（Eihosha, 2007）.

2.2 受講者
　2013年度後期から開設されたこの授業は、2013年度は10名、2014年度

は5名と受講者が少なかったため、隔年開講としたところ2015年度は21名、2017年度は20名が受講した。英語で行う専門科目はどのクラスでも受講者数は少ないが、年々受講者数は増加し、このような科目への需要は着実に増えてきている。前述の通り、学生の英語力を考慮してディスカッション型の授業を行うことを意図しているため、15～20名程度の受講者が理想的であり、その点では2015年度と2017年度は理想的な受講者数であった。

参考までに2015年度の受講者の内訳を表1と表2に示すこととする。後期の授業のため卒業論文作成に追われる4年生は受講が難しいので、当然2、3年生が中心となる。専攻コース別では圧倒的に国際文化コース生が多いが、これは担当教員である筆者が所属するのが国際文化コースであり、ゼミ生が中心となって受講していたためである。

表1　学年別受講者数（2015年度）

学年	人数
2年生	11
3年生	9
4年生	1
計	21

表2　学系・コース別受講者数（2015年度）

学系	コース	人数
国際教養	人間科学	2
国際教養	社会関係論	1
国際教養	国際文化	14
国際都市	グローバル協力	2
国際都市	地域政策	2
国際都市	まちづくり	0
	計	21

2.3 授業の流れ

授業の準備として学生には2つの課題が毎週課されている。1つは教科書の英文の要約であり、もう1つは与えられたトピックに関するリサーチである。要約は教科書2ページ半程度、7～8パラグラフの英文をパラグラフごとに要点を英語でまとめてくるものである。リサーチ内容は各ユニットのテーマに関連したトピックである。各自で興味のある項目を文献及びインターネットを通じて調査をして、5分間のミニプレゼンテーションができるように発表内容をまとめてくる。両方の課題を合わせてA4の用紙にまとめて印刷をして提出することが義務付けられている。大抵は2～3ページ位でまとめられている。

授業の最初の 30 分間は、教科書の要点の確認である。3 〜 4 人のグループで、パラグラフごとの要点を確認しあい、キーワードを選定する。10 〜 15 分程グループで話し合い、学生の理解度を確認した後で、15 分程で教員が解説をし、予習段階での理解が正しかったかを学生に確認させるとともに、内容に関して重要な点を明示する。次の 30 分間は教科書から発展させた内容をパワーポイントを用いて教員がレクチャーする。一方的な講義とならないように、できる限りクイズや学生への質問を織り交ぜながら説明をする。全て英語による説明であるが、スライドによる視覚的な補助があるため、理解はしやすいように工夫をしている。最後の 30 分間は学生によるミニプレゼンテーションとグループディスカッションである。1 人 5 分間の発表をグループメンバーのそれぞれが行った後、引き続きグループでディスカッションを行う。テーマは学生によるミニプレゼンテーションの内容と教員によるレクチャーの内容に関するもので、教員からディスカッションテーマを明確に示すようにしている。

2.4 期末発表

受講者数にもよるが、最後の 3 回分の授業を期末発表にあてている。発表 10 分、質疑 5 分、計 15 分のパワーポイントを用いたプレゼンテーションを受講者全員が行う。発表テーマは各自が授業内で興味を持ったことを自由に選択する。ただし、EU 加盟 28 か国に関わる内容という制限は設けている。表 3 は 2015 年度の受講者が行った発表の対象国と発表タイトルのリストである。多くの学生が社会問題を取り上げてその解決策を自分なりに提示している。

表 3　期末発表（対象・発表タイトル）（2015 年度）

対象	発表タイトル
Belgium	The problem of EU immigration: from the present situation in Belgium
Belgium and Netherlands	Euthanasia in Belgium and Holland
Czech Republic	Issue about the drinking in Europe
Denmark	The Problems of Refugees from Denmark
Denmark	The world's happiest country Denmark

EU	Asterisks of Europe!! : Tons of special agreements in Europe only
EU	Aviation environment in EU
EU	Can we solve racial discrimination?
EU	Eurovision: A Festival That Unites Europe
EU	The smoking problems
Finland	Education of Finland: Are there some problems?
France	Education for immigrants' children in France
France	What is the PACS?: Is it solution to stop few children society?
Germany	German Policy about Nuclear Power Generation
Germany	Wind power generation in Germany
Sweden	Social advancement of female: refer to the case of Sweden
Luxembourg	The language education of Luxembourg
Netherlands	Smart Agriculture: Learned from Netherlands
Sweden	Pension system of Sweden
UK	Refugee crisis: Media and Public Opinion in the UK
UK	Relationship between The EU and Britain

　この期末発表による学習効果は、発表者にとっては、授業から得た知識や関心を更に深く探究することになり、専門的な知識の定着だけでなく問題提起から解決までのプロセスをヨーロッパのとある事象を用いて体感できることである。発表を聞いている側の学生にとっては、ヨーロッパに関する文化や社会問題をより多く知る機会となり、学生同士が教え合うという効果がみられる。教員による講義よりもクラスメートの発表の方により関心を示すことは珍しいことではない。英語による発表や質疑応答の経験も、他の授業や将来的なビジネス等の場において活かされることが期待できる。

2.5　評価方法

　成績の評価方法は、授業中のアクティビティを30点、宿題として出される課題を30点、期末発表（プレゼンテーション）を40点として100点満点で評価をしている。英語力は評価の対象とはならないが、英語力が高いほど、課題やプレゼンテーションの内容のレベルが高くなる傾向にあるため、学生にとって有利であるとはいえる。

2.6 学生からの評価

　2015年度の授業評価アンケートによると、この科目に対する「満足度」、「勉学や人生に役立つ」、「自ら考えたり学んだりする力が身に付く」の項目では5スケール中それぞれ4.8、4.7、4.8という高い評価を受け（大学の専門科目の平均は4.3、4.3、4.2）、この授業に対する週ごとの授業外学習も「1時間以上2時間未満」と「2時間以上3時間未満」の回答が最も多くなっており、適切な量の時間外学習が行われていたことが窺える。記述コメントで最も多いのが、「予習は大変だったが、身になった」という内容で、英語に対する否定的なコメントは全く見られなかった。

　実際の授業では、初めのうちは5分間のミニプレゼンテーションに戸惑い、ほとんどの学生が3分位で終了してしまうが、徐々に慣れてくると、発表したい情報量が増え、5分では終わらなくなる。そうなると今度は5分間でいかに端的に伝えるかというノウハウを身につけるようになってくる。このように回を重ねるごとに英語によるミニプレゼンテーションの力が向上し、それに伴ってリサーチをする内容と量も充実し、結果的に学習対象であるヨーロッパ文化やEUの問題に対する知識と考察が深まっていった。

3. 専門科目

3.1 EMI か CLIL か？

　先に記したようにこの科目は専門科目であり、英語力の向上を目指した授業ではなく、あくまで専門分野を英語を通じて学ぶための科目である。本来はEMI（English-medium Instruction）[3]に該当する科目であるが、受講者の英語レベルはEMIによる授業についていけるレベルではない。そこで評価項目には入れないが後述するように言語学習をも考慮に入れて授業を展開することにより、受講者も無理なく授業に参加することができるようにしている。できる限り一方通行的な講義部分を減らし、学生が参加する部分を多くすることにより、英語によるアウトプットも増え、不足しがちなproductive skillsの練習にもなり、英語を通じて授業を履修することへの抵抗感も減って自信にも繋がるのではないかと考えられる。

3.2 CLIL の 4 つの C

　CLILの理論を導入したこの授業では、CLILの4つのCを次のように構成

している。この 4 つの C を意識して授業計画を作成すれば、CLIL に関する専門知識がなくても英語による授業は可能ではないだろうか。

・Content
　内容（content）対 言語（language）の比率においては、7 対 3 か 8 対 2 の割合となり、教科内容重視の Hard CLIL[4] となるように意識している（あくまでも主観的な意識ではあるが）。言語の割合を 10 分の 2 か 3 としているのは、英語力を評価の対象とするということではなく、学生による言語活動、とりわけ発信型のスキルを授業内の活動に多く取り入れることにより、学習内容の定着と理解を深めることをねらいとしているためである。この科目における内容（content）はヨーロッパ文化と社会であることは言うまでもない。

・Communication
　CLIL では語学学習よりも言語使用に比重が多くかかるのが特徴である。この授業も英語の積極的な使用を通じて科目内容を理解することを目指している。しかしながら、英語力が不十分な学生にとっては基礎的な英語学習も必要である。そこで宿題では英語学習も含めてじっくりと時間をかけて授業準備をしてくることを求めている。宿題の 1 つは、テキストのパラグラフごとの要約である。知らない単語や表現、文法項目は自ら調べたり、語学教員に質問したりしながら、十分に内容を理解する必要がある。その上で要約を英語で書くため、ライティング力も養われる。もう 1 つの宿題は、リサーチトピックに関してミニプレゼンテーションの準備をすることである。英語で発表をするため、英語の文献や英語のインターネットサイトから引用をすることがほとんどであり、当然英語による情報収集（リーディング力）が必要となる。情報をより速く的確に収集するために skimming や scanning[5] といったリーディングのスキルが養われる。授業では、ペアワーク、グループワークにおいて実践的なコミュニケーションスキルが養成される。

・Community
　教員による講義（レクチャー）は 30 〜 40 分程度にとどめるようにして、できる限りの時間をペアワーク、グループワーク、クラス全体でのディスカッションにあてるようにしている。そうすることにより、学生は協働学習を通じて、他の人の経験、意見を共有し、自分自身の考え方にも反映させるこ

とができるようになる。この科目はヨーロッパの文化・社会を学習対象としており、異文化理解が当然必要となる。それにはまずは身近なクラスメートと自分との考え方の違いを認識し、お互いの思考を認め合うことが必要である。扱うトピックもエスニシティ、ジェンダー、貧困、紛争、環境問題といったおよそ意見の一致が困難な話題ばかりである。このようなトピックに関して異なる意見をぶつけ合っていくことで、自己のアイデンティティの形成にもなり、「地球市民」[6]の一員としてのコミュニティへの参加と多様なculture[7]に対する理解・尊重につながることを期待している。

・Cognition

　CLILの導入においてはこのcognition（学習・思考プロセス）をどう組み込むかが最も難しい要素と思われる。授業では、「低次思考スキル（Low Order Thinking Skills, LOTS）」の学習として、宿題である英文の要約と英語によるリサーチ課題及び教員による講義を想定し、「高次思考スキル（High Order Thinking Skills, HOTS）」[8]の学習として、講義内容及びミニプレゼンテーションの内容に関するディスカッションを想定している。ディスカッションでは、例えば、ある社会問題に対して他者の意見と自分の意見をすり合わせながら解決方法を提示することを教員が求めたりする。英語を通じてその場で批判的に意見を述べたり、何かを創造したりすることは容易ではなく、これには英語力、日本語力、教養、専門知識、批判的思考力、応用力といったあらゆる要素が複合的に必要となる。ディスカッションが円滑に進むように工夫することが教員側にとって最も重要かつ難しい授業準備といえる。

3.3　他の科目との連携

　国際教養学系では、イギリス文化論、フランス文化論、ドイツ文化論、エスニシティ文化論、多文化社会論、ヨーロッパ社会史等の科目が提供されており、国際都市学系では、グローバル協力論、グローバル平和論等の科目が提供されている。よって、学生はヨーロッパ文化及びグローバル社会の諸課題を様々な授業を通じて多面的に学んでいる。その上でこの英語で行われる科目を受講するため、相補的に知識を深めることができている。英語で行う分、知識として教員が与える部分は少なくなるが、その代わりに、自分で調べながら習得する部分や他の日本語で行われている関連科目で学んだ知識を応用する部分があるため成立している科目である。日本語で行われている専

門科目を単純に英語で授業をすればよいという訳ではなく、他の科目との連携が重要である。

4. おわりに

　この授業に対する学生の反応は良好で満足度が非常に高い。しかしながらそれは学生と教員による自己満足となってはいないだろうかという疑問が浮かぶ。英語で授業を受けることや英語で授業を行うことで満足してしまい、肝心なコンテンツが身についたかの検証ができていない。この授業を通じて自信をつけて更に他の英語による専門科目を受講したり、留学をしたりすることに繋がれば、この授業の価値も増すであろうが、現状は英語で展開される科目はまだ少なく、留学する学生も多くはない。英語で展開される科目が更に増えて、英語で学ぶ機会が更に増えれば、このCLILの手法を用いた授業は、PE・APEと英語による専門科目とを繋ぐ架け橋としてより価値を増すことになろう。

　英語で専門科目を教えることは日本人教員にとってはかなりの負担であることも確かである。普段行っている授業の2倍も3倍も準備が必要となり、精神的な負担も大きい。教員にとっても英語による授業へのインセンティブがないと、引き受ける教員も増えてこないだろう。大学全体で検討していくべき課題といえる。

注

1) YCUグローバル・スタディーズ・プログラムは、英語のみで行われる授業によって構成されており、16単位以上の修得により「グローバル・スタディーズ修了証書」が交付される。このプログラムを経て海外留学や海外でのキャリア形成への挑戦が期待される。このプログラムには、「グローバルなキャリア形成を目指す"Global Career"」「経済・経営を中心に学ぶ"Business Administration"」「日本やアジアの文化や社会を学ぶ"Japan Studies"」の3つの履修モデルが設けられている（大学ホームページより抜粋）。
2) CLIL（内容言語統合型学習）の詳細については第Ⅳ部第15章を参照のこと。
3) 英語圏以外の国の高校や大学などで、数学、歴史、科学、医学などの教科を英語で教授することを指す。ヨーロッパで普及し、日本の高等教育機関でも広まりつつある。

4) 渡部他（2011）によると、CLIL を教育目的によって類型化すると、言語面を重視した Soft CLIL と教科面を重視した Hard CLIL に分類される（p.10）。その科目の趣旨に応じて Soft よりか Hard よりか、あるいはその中間といったように、教員によって調整が可能となる。
5) skim と scan の違いについては第Ⅱ部第 3 章注 5 を参照。
6) クラスルームのような狭義の community 観と地球規模の広義の community 観に関しては、渡部他（2011）p.9 を参照。
7) CLIL の 4 つの C のうちの Community は最近では Culture と示されることも多い。詳しくは渡部他（2011）p.8 を参照。
8) LOTS と HOTS についての詳細は第Ⅳ部第 15 章を参照のこと。

参考文献

松村昌紀（2009）『英語教育を知る 58 の鍵』大修館書店
渡部良典、池田真、和泉伸一（2011）『CLIL 内容言語統合型学習——上智大学外国語教育の新たなる挑戦 第 1 巻 原理と方法』上智大学出版

第17章 社会言語学で行う
リサーチ・プロジェクト

佐藤 響子

1. はじめに

　Practical English（PE）の到達点 TOEFL-ITP 500 点は英語で勉強を行うスタートラインであって、英語で専門の文献を読んだり講義を受けるためには十分なレベルとは言い切れない。第Ⅳ部第 13 章で紹介したように、TOEFL-ITP 500 点以上の学生を対象とした Advanced Practical English（APE）では目的別に更なる英語力向上を目指した授業を展開している。しかし、これらの授業を受講しただけでは英語を使って大学での学問を行うレベルに至るとはいいがたい。そこで、筆者は TOEFL-ITP 500 点と専門の間をつなげることを意図し、専門の勉強をしながら同時に英語力の向上を目指した授業を行っている[1]。本章は 2016 年度に行った授業実践の紹介を中心とする。本章で紹介する内容は、どのような科目へも応用可能な方法の提示を目的とするため、リサーチ・プロジェクト特に論文の執筆過程の説明に重点を置き、リサーチ内容そのものの紹介は最小限にとどめる。

　講義で取り扱う内容は以下の通りである。

・英語で書かれた学術論文を読む
・読んだ論文の内容に基づいてリサーチを行う
・リサーチ結果に基づいて英語論文を執筆する
・リサーチ結果を英語で口頭発表し、質疑を行う

　講読する論文は社会言語学関連の文献とし、リサーチそのものは日本語を対象としたデータ収集と分析を行う。例えば、2013 年度は中国語の「ほめ」に関する論文を読み、日本語との比較対象をリサーチテーマとし、フィールドワークによるデータ収集と分析を行った。2016 年度は日本人男性が使用する会話スタイルに関する論文を読み、会話分析の手法を使ったデータ収集と分析を行った。

第 17 章　社会言語学で行うリサーチ・プロジェクト

　社会言語学を講義の対象分野としているのは、筆者の専門であることに加えて、学生の既習学問背景に起因している。多くの受講生が既に「英語学」「言語学」「コミュニケーション論」「社会言語論」といった言語に関連する講義、あるいは社会学関連の講義を受講し、言語を分析することに関する基礎知識ならびに言語と社会をつなぐ視点を持ち合わせているという想定があるからである。リサーチ対象を日本語としているのには大きく2つの理由がある。1つは、受講生にとってなじみのある言語であるためデータ収集が比較的容易にできるからである。もう1つは、日本語を客観的に分析しそれを英語で説明する体験を通じて、留学先などで自国の言語について語る力を身につけてもらいたいからである。

　英語で論文を執筆し口頭発表を行うことは、英語での研究体験をするという目的に加えて、研究の精緻化をする上で有益であると考える。日本語で表現する場合には自身の言語能力を生かしてなんとなくごまかしたりなんとなくわかったふりをすることができる。しかし、母語以外の言語で研究成果を発表しようとすると、ごまかしていた部分、曖昧な部分が鮮明に立ち現われてくる。意図を明確に伝えることができないのは、言語能力の問題であるかもしれない。しかし、それ以上に、リサーチそのものの曖昧さに原因がある可能性がある。そこで、英語を媒介としてレンガを一つ一つ積み重ねるようにロジックを積み重ねる練習のために、英語で論文を書きそれを口頭で発表することを目的とした授業を展開している。

　2016年度に行った全15回の授業内容は以下の通りである（表1）。

表1　2016年度シラバス

1	Introduction
2	Reading Itakura（1）: Introduction ～ The study（pp.179-184）
3	Reading Itakura（2）: Findings（pp.184-194）
4	Reading Itakura（3）: Discussion & Conclusions（pp.194-199）
5	Reading SturtzSreetharan（1）: Introduction ～ The data（pp.70-76） Lecture: Research topic & methodology
6	Reading SturtzSreetharan（2）: Results（pp.77-80） Lecture: How to find research question(s)
7	Reading SturtzSreetharan（3）: Discussion & Conclusion（pp.80-88） Lecture: How to do research / write research paper

8	Writing research paper（1）(Outline, Introduction) Presenting your research project
9	Writing research paper（2）(Previous studies)
10	Writing research paper（3）(Methodology)
11	Writing research paper（4）(Findings, Discussion) Presenting your findings
12	Writing research paper（5）(Conclusion)
13	Writing research paper（6）(Abstract, Reference)
14	Oral Presentation（1）
15	Oral Presentation（2）

　以下では、表1に示した2016年度実施の授業内容を時系列に沿って紹介する。なお、学問内容と論文執筆技法の十分な理解を短期間で目指すことを目論んだ本授業では、情報伝達の利便性を重視した結果、教室内では日本語と英語の両言語を状況に応じて使い分けながら使用している。

2. 論文を読む

2.1 講読論文について

　講読した論文は以下の2本である。内容は上述の通り、男性が使用する言語表現に関して社会言語学的アプローチで書かれたものである。

- Itakura, H.（2015）. Constructing Japanese men's multidimensional identities: A case study of mixed-gender talk. *Pragmatics*, 25（2）, 179-203.
- SturtzSreetharan, C. L.（2006）. Gentlemanly gender? Japanese men's use of clause-final politeness in casual conversations. *Journal of Sociolinguistics*, 10（1）, 70-92.

　論文を選択する際には次の2つのことを意識した。1つ目は、学生にとってなじみがあり自分の問題として考えやすいテーマであることである。2つ目は、英語が比較的読みやすいことである。英語の読みやすさに関しては、論文で使用している語彙レベルの考慮に加えて、学生になじみの薄い理論重視型の論文ではなくデータに語らせるような論の進め方をしている論文であることを選択の基準とした。

2.2 論文講読（第 2 〜 7 回目授業）

　論文を読むことの大きな目的は 2 つある。1 つは社会言語学分野の研究内容を知るためであり、もう 1 つは自分のリサーチ・プロジェクトの参考資料とするためである。後者に関しては、更に 2 つの目的があり、自身のリサーチ・プロジェクトの参考にすることと英語論文執筆の手本にすることを目的としている。

　2 本の論文をそれぞれ 3 回の授業時間を使って読み進めた。予習として指定部分を読んでくることを課し、授業内では論文内容の把握、論文構造の理解、論文執筆上有益な英語表現の習得を行った。

　論文内容の把握については、いくつかの異なる方法を取り入れた。初めて論文を読む回（第 2 回目授業）の予習用に Tips for Reading というハンドアウトを配布した。下記に示すように、論文を読みながら下線部を埋めることによって内容が理解できることを目的としたものである。授業では、このハンドアウトの内容に準じた質疑応答をしながら内容把握に努めた。

　・In social constructionist approaches speakers ＿＿＿＿＿＿＿＿＿＿＿＿＿＿
　・The present study investigates＿＿＿＿＿＿＿＿＿＿＿＿＿＿＿＿＿＿＿＿＿

　データ紹介が主たる内容となる Itakura 論文講読の第 2 回目（第 3 回目授業）では、論文に提示されているデータがなぜ論文で紹介されているのか、その理由あるいは位置づけを意識して論文を読むように努めた。また、提示されているデータについて参加者同士で意見交換を行った。

　上記以外の時は、質疑応答形式で段落ごとに内容把握を行った。受講生は、英語でまとめる、日本語でまとめる、大切な部分の原文を読み上げるなど、論文内容と自身の英語力に応じて適宜回答を行った。同時に、論文の主張や提示されている例について意見交換を行う時間を取った。

　英語論文の構造に関しては、1 本目の論文である Itakura 論文を読了した第 4 回目の授業内で扱った。一般的な論文の構造について解説を行った後に、それを踏まえて Itakura 論文の構造を確認した。加えて、パラグラフの構造について Itakura 論文を使いながら再確認した[2]。

　英語論文で使われる表現、あるいは当該テーマで使われる表現に関しては、内容把握の質疑応答の中でそのつど解説を行った。また後述するように、論文執筆の過程で、講読した論文 2 本を常に参照した。

英語講読が目的の授業ではないが、文構造が把握できないことが原因で内容理解に支障をきたしていると思われる場合には文法の解説を行った。

3. リサーチ・プロジェクト

本講義の最終目標は英語で論文を書くことである。そのためには、リサーチテーマとリサーチ方法を決めなくてはならない。テーマは論文と同じものあるいは論文内容をふまえたものとするように指定した。テーマ選択とリサーチ方法が研究の良し悪しに大きく影響するため、これに関しては複数回にわたって授業内で取り上げた。

まずは SturtzSreetharan 論文で方法論のセクションを読んだ第 5 回目の授業でリサーチテーマとリサーチ方法について取り上げた。そこでは Itakura 論文と SturtzSreetharan 論文で使われている方法論、それぞれの論文内で言及されているその他の方法論の確認を行った。それと同時に、現段階で調査しようと考えているテーマに関して意見交換を行った。質疑を通じてトピックを明確化させることを目的としている。

次に、第 6 回目の授業でリサーチテーマをリサーチクエスチョンという言葉に置き換えて取り上げた。○○を調べたいという抽象的なレベルからより具体的な問題意識へと導くためであり、どのようにしてリサーチクエスチョンを立てて研究を進めるかを考えるためである。そのために、Itakura 論文と SturtzSreetharan 論文のリサーチクエスチョンと採用されている研究方法が先行研究の成果の積み重ねの中から出てきたものであることを、それぞれ論文の該当箇所を確認しながら把握した。そして、リサーチクエスチョンとリサーチ方法を提出することを宿題とした。合わせて、受講生が論文を探す時のヒントとなるように、Abstract の役割の解説を行った。

第 7 回目の授業では、提出されたリサーチクエスチョンとリサーチ方法（授業 2 日前までにメールで提出した宿題を授業日に全員分まとめてハンドアウトとして配布）について、意見交換を行った。意見交換を経て改定したリサーチクエスチョンとリサーチ方法を提出することを宿題とした。

第 8 回目の授業では、リサーチペーパーに関する全般的な解説、論文で使用するスタイルシート（APA）、提出フォーマットなどの説明を行った。また、提出された改訂版のリサーチクエスチョンとリサーチ方法に関して意見交換を行った[3]。

第 5 回目から第 8 回目までの 4 回にわたって授業内で研究プロジェクトの概要を自分の言葉で表現すること、他者の研究内容を聞くこと、質疑応答をすることを重ねた。そうすることによって少しずつ研究内容が深まり、伝わる表現へと変化していく様子が窺えた。

4. 論文作成（第 8〜13 回目授業）

第 8 回目から第 13 回目までの 6 回にわたり、論文執筆を行った。論文全体を 6 つのセクションに分け、セクションごとに構成と内容の説明を行い、宿題として各自で執筆、授業日 2 日前までにメールで提出、筆者が添削したものを授業内で返却し解説するというプロセスを繰り返した。以下でそれぞれのセクションについて説明していく。

4.1 Outline & Introduction

一般的な論文構成を説明し、Itakura 論文と SturtzSreetharan 論文の構成を見直す作業を行った。授業回数の関係上、リサーチ概要が固まっていない段階でアウトラインを書くことにはなるが、論文執筆の計画書であること、常に改訂を重ねながらよりよい論文を書くための作業の一貫であることを説明し、アウトラインを作成した。

イントロダクションは以下の内容を以下の順番で書くように指定した[4]。

　　Hook, Background information, Thesis statement, Outline

各要素の手本となる事例を実際の学術論文の中からいくつか提示し、音読しながら参考になる表現にマーカーで線を引く作業を行った。

4.2 Previous studies

このセクションを書くにあたっては次の 2 つのことに注意を払った。1 つは、剽窃を回避する引用の仕方である。APA スタイルシートに従って、1) 短い引用、2) 長い引用、3) 要約の 3 パターンについて Itakura 論文を引用元として実際に引用作業を行った。

もう 1 つは、論文内で先行研究を紹介することの意味について考えることである。受講生たちは必ずしも十分な背景知識をもって論文を読んでいるわ

けではないので、Itakura 論文と SturtzSreetharan 論文が紹介している先行研究一つ一つの意味を理解できているとは言い難い。しかし、自分が調べること、主張すること、言い換えればリサーチクエスチョンの妥当性を示すために、これまでに誰が何を明らかにしているのかを提示し、それらをふまえて自分の知りたいことを提示するという流れの作り方を把握することを意図して両論文の該当箇所を再読した。

4.3 Methodology
　多くの受講生が Itakura 論文と SturtzSreetharan 論文と同じく日常会話をデータとして会話分析の手法を使って分析することにしたので、両論文のデータ収集方法に関わる部分を再読し、参考になる表現にマーカーで線を引く作業を行った。参考になった表現を受講生に紹介してもらったが、実際に自分で論文を書くという視点で再読することによって、内容把握を目的として読んでいた一度目とは異なる点で多くの気づきを得ている様子が見受けられた。また、テレビ番組と映画を分析対象とする受講生がいたので、類似したデータを採用している学術論文から方法論のセクションを紹介した。

4.4 Findings & Discussion
　Findings のセクションでは、論文の構成に関わることと執筆のための英語表現に注意を払った。まずは、Itakura 論文と SturtzSreetharan 論文の該当箇所の論文構成方法を確認した。前者の論文は質的分析、後者の論文は量的分析と質的分析の二段構えになっていたため、受講生が各自のリサーチ特性に応じて利用できたのではないかと思われる。続いて、結果を執筆する時に必要になる表現ならびにデータを提示する時とデータを解説する時に使われる表現についても、改めて論文を読みながら確認を行った。
　Discussion に関しては、この時点では何を書くべきか見通しが立っていなかったため、書くべき内容の指摘にとどめた。

4.5 Conclusion
　Itakura 論文と SturtzSreetharan 論文の再読から、使える表現にマーカーで線を引く、というこれまでと同じ作業を行った。また、執筆中のリサーチペーパーを書く上で参考になる表現が多いと思われる論文を新たに1つ提示し、改めて、イントロダクションの書き方、結果の書き方、例や図表の提示の仕

方、それらの解説の仕方、考察の仕方、結論の書き方を総復習した。

4.6 References & Abstract

References については APA スタイルで書くことを指示し、サンプルを使って授業内で書き方の練習をした。Abstract については Itakura 論文と SturtzSreetharan 論文に加えて、新たに 3 本の論文例を提示した。

5. 論文添削

　授業 2 日前に提出された英文を筆者が添削した。添削は文法、表現、内容の 3 つの観点から行った。文法事項については英語ライティング指導でよく用いられる Correction Symbols による指摘を行った[5]。表現の稚拙さゆえに意図が伝わっていないと思われる部分については下線とクエスチョンマークを付した。研究内容について気になる部分にはコメントを付した。

　添削した文章を返却する際には、情報の全体共有と個別相談を行った。情報の全体での共有とは、良く書けている例の提示と学術論文の中から参考になるものの提示を行った。添削内容についての個別相談は授業後に行った。何を表現したかったのか、それを伝えたいならばどういった表現方法があるか、どのような順番で情報を提示すればわかりやすいのか、といったことを話し合いながら解決していった。

　あわせてライティング・センターで指導を受けることも強く推奨した[6]。ライティング・センターでは、文法ミスの指摘を行うのではなく、伝えたいことを伝えられるようにする手助けを行っている。この点においては筆者が行っていることと近かったせいか、利用は学生 1 人あたり 1 回から 2 回にとどまってしまった。

6. 口頭発表

　論文完成後、各自がパワーポイントスライドを使いながら、10 分間の口頭発表と質疑応答を行った。口頭発表は受講者同士で成果の共有をすることを主たる目的とした。原稿を読み上げる者から自分のことばで発表する者まで様々ではあったが、全員が同じ論文を読むところからスタートした研究の成果であったためか、お互いの研究成果に興味を持つことができ、活発な質

疑が行われた。

　以下に論文タイトルの一部を紹介する。いずれの研究も講読した2本の論文を先行研究として吟味した上で、自らデータを収集して分析したものである。

- The use of clause-final politeness expressions by age difference
- In what situations do women use polite forms?
- In what situations do modern Japanese women use female sentence-final particles?
- The role of female languages in Japanese TV program through Matsuko's language use
- In what situation young Japanese male speakers use plain forms to older addressees?
- The use of Japanese male first-person pronouns in informal conversations

7. おわりに

　最終日に授業への評価を提出してもらった。以下は自由記述欄に書かれたコメントである。宿題・課題が大変であったことと同時にやりがいがあった様子が伝わる[7]。

- 講義を受けない限り、英語を読む、書く、話す機会がないので課題の量は多くて大変だったが受講してよかった。（TOEFL-iBT 70点）
- 留学中はもっとハイペースだったので、もう少しできたかなという反省はあります。内容はとてもおもしろく、毎週楽しみでした。（TOEFL-iBT 78点）
- いろいろ積み重なって途中からついていけなくなった自分が不甲斐なく思いました。来月からカナダへ留学予定なので全力で取り組みたいと思います。（TOEFL-ITP 540点）
- 英語論文は専門用語なども使用されていて難しく感じることもありましたが、授業全体を通して学びが多く、成長を感じることができました。（TOEFL-ITP 530点）
- 英語の論文の書き方が参考になりました。宿題も提出すれば出来上がるようになっていて助かりました。（TOEIC 780点）
- 大変でしたがやりがいがあって楽しかったです。（TOEIC 845点）
- 課題提出が時間的に大変だった。添削していただけたのがとても良かった。（TOEIC 850点）

講読している論文を難しく感じたり宿題・課題が多いと感じたりしているようであるが、実際にどのような評価を下しているのか、英語論文のレベル、英語を書くペース、添削について5段階評価で意見を尋ねた。回答者は13名である。

論文のレベルに関しては、「とても難しかった」から「とても読みやすかった」までの5段階評価を求めた。「丁度よかった」（6人）、「難しかった」（6人）、「読みやすかった」（1人）という結果であった。本人が取得している英語のレベルとの相関ではTOEFL-ITP 500点程度の学生が「難しかった」と回答する傾向にあった。

英語を書くペースについても「とても速かった」から「とても遅かった」までの5段階評価を求めた。「丁度よかった」（9人）、次いで「速かった」（4人）という結果であった。「速かった」と回答した学生は文章の提出が遅れがちであった。ただし、英語の実力との相関がさほど強いようには思われない。おそらく生活の中での宿題への優先度の問題ではないかと考える。

添削については「とても参考になった」から「全く参考にならなかった」までの5段階評価を求めた。結果は、「とても参考になった」（10人）、「参考になった」（3人）であった。評価と直接結びつく要因は出席回数であると考えられる。「参考になった」と回答した3人は欠席が目立ち、宿題の提出が遅れがちな学生であった。

本章で紹介した授業は受講生が15人であった。欠席したり提出物が滞ったりする学生もいたが、全員が最後まで課題をやり切ることができた。本章で紹介した方法を実施するには15人が上限であると思われる。理想としては10名以下の方が望ましい。10名以下で実施できた時には授業内で学生同士のディスカッションを十分に行うことができた。しかし15名になると受講生個々への対応で時間を費やしてしまい、学生同士のディスカッションに割く時間が少なくなってしまった。教員からのアドバイスとそれを受けた修正を行うプロセスは、論文を完成させることのみを目的とした場合、効率的ではある。しかし、それぞれがどのようなテーマに取り組み、今何に悩み、何に苦心しているかを共有することができるとより一層多角的に物事を捉えながら研究を進めていけたのではないかと考える。添削例を通じてなるべく多くの受講生の研究内容を紹介するように努めてはみたが、クラスサイズとより内容の深い授業の実施との狭間での工夫が更に求められる。

本講義が成立した背景としては、受講生の英語レベルが一定以上であったことと、取り上げたテーマに関してある程度の予備知識があったことがあげられよう[8]。鋭い切り口での調査と分析プロセスを教員と受講生が共有することは、知的刺激に満ちた講義となっている。

注

1) 本章で紹介する内容は大学のカリキュラム改革等に伴い講義名を Advanced English for Academic Purpose、Elements of Prose、社会言語論と変化させながら行われている。本章で紹介したのは Elements of Prose での実践である。
2) 受講生全員がパラグラフの構造については既習であったため、解説ではなく確認にとどめた。
3) APA（American Psychological Association）スタイルとは学術論文を書く時のスタイルシートの１つ。人文・社会科学系の分野でよく使用されている。
4) Essay writing 指導で Introduction の必須要素とされているもの。
5) ライティング指導の際に用いられるもので、英文添削者が間違いを直接訂正するのではなく、間違っている箇所に記号を付すことによって訂正を促すもの。例えば動詞の時制の訂正には VT、主語と述語の数の一致には AGR などがある。
6) ライティング・センターについては第Ⅲ部第 9 章を参照のこと。
7) カッコ内は受講者が自己申告した英語試験の保有点数である。
8) 自己申告によると、受講者の中で保有点数が一番低いのが TOEFL-ITP 505 点、ほとんどの受講生が TOEFL-ITP 530 点あるいは TOEIC 700 点後半から 800 点であった。

第18章 初習外国語
――複数の言語・文化を学ぶこと――

平松 尚子

1. はじめに

　横浜市立大学では、英語以外の外国語を「初習外国語」科目として設置しており、中国語、韓国・朝鮮語、ドイツ語、フランス語、スペイン語の5語種[1]がある。

　各言語プログラムは「教養基礎Ⅰ」「教養基礎Ⅱ」「教養実践」「中級」の4段階からなり、各科目には(「中級」を除いて)それぞれ週3回の授業があり、1科目で3単位を取得する。どの段階でも継続せずに履修を終えることができるが、国際総合科学部国際教養学系では、2017年度以降入学生を対象に、上記5言語のうち1つの言語の「教養基礎Ⅰ」と「教養基礎Ⅱ」が必修科目となっている。また特に本学の協定校への交換留学など、大学公式海外派遣プログラムへの参加を考える学生には「中級」クラスまでの履修を推奨している。

2. 複言語・複文化主義

　異言語を学ぶことは、異文化に触れ、それまで「普通である」とみなしてきた自文化を相対化し、自文化中心的な思考からの解放を促すことにつながる。言語や文化の異なる他者を尊重し、他者に対して開かれた態度を涵養すること、こうした差異や多様性への感受性を涵養することに役立つ。

　これまで外国語を学ぶことは、言語についての知識を身につけ、その知識をもとに当該言語の運用能力を身につけることだと考えられてきた。学習言語を使えるようになることが最大の目標とされ、ネイティブスピーカーが外国語学習者の到達すべきモデルだとみなされてきた。こうした考え方は、複言語・複文化主義によって刷新されつつある。複言語・複文化主義は、個人の持つ複数の言語文化体験や様々なレベルの言語文化能力を総体的・包括的に捉えるものである。つまり言語文化能力を日本語、中国語といったかたち

で文化還元主義的に個別のものと捉える従来の言語観とは異なり、学習者がそれまでに身につけた様々な言語文化を援用しながら自らの言語文化を形づくっていくということである。さらに、言語文化を学ぶことは、運用能力を身につけることである前に、個々人の社会化の過程において異なる言語文化に触れ、多様な世界へと存在を開くことであると考えられている。さて、現在の日本の初等・中等教育では、日本語（母語であり教育言語）と英語（外国語）のみが重要視されている。これまでの日本では英語教育は国民教育の一環として位置づけられているが、今後の社会変化に際してはこの壁を超えていく必要がある。多様な言語、多様な文化に触れる機会は、生活の場面においても学校教育の現場においても決定的に不足しており、異なる他者に向けて開かれた態度を涵養するための教育の機会は欠落していると言わざるをえない。こうした日本の文脈において、複言語・複文化主義に基づく言語文化教育は考慮されるべき視座の１つであるだろう。本学の初習外国語教育プログラムは、このような社会変化への対応を視野に入れた変化の過程にあるものとして捉えられる。

3. 横浜市立大学の初習外国語教育

　　母語 + 英語 + もうひとつの外国語
　　──　多様な世界を捉える複眼的な思考力を身につけるために　──
　　　　　　　　　　　　　　（『横浜市立大学　総合履修ガイド』より）

グローバル化がより進展する現代社会において、複数の言語に習熟することは、言語・文化を超えて生きる力を身につけることである。また、異文化に触れることは、改めて自己の文化を認識し、相対化することを促す。そうした批判的な視座を獲得するとともに、異なる言語・文化・価値を持つ他者を理解し、他者を尊重しつつ協働して課題解決に取り組む能力を身につけることにつながると考える。こうした考えのもと、次のようなカリキュラムが組まれている。

3.1 初習外国語科目カリキュラム

　本学の初習外国語教育は、それぞれの将来や社会活動に資する言語運用能力を身につけることを目指す。加えて、外国語の習得を通じて複眼的な思考

第18章 初習外国語

力を身につけ、多文化共生社会の実現に向けた、他者と共生し協働できる感性と態度を養うことを目的としている。

各科目は、そのように編成された各語種のカリキュラムにより次のように設定されている。

- 「教養基礎Ⅰ」及び「教養基礎Ⅱ」では、各言語の基礎的な運用能力を身につける。
- 「教養実践」では、それまでに習得した基本的なことがらを様々な場面で実際に使えるようになることを目指す。
- 「中級」では、専門領域との関連により重点をおいて、大学での研究活動や社会活動を行う上での高度な受信能力と発信能力を養い、また海外の大学へ留学できるレベルとなる実力を身につけることを目標とする。

3.2 初習外国語科目の特色

本学の初習外国語科目の特色として、次の3点を挙げたい。第一の特色は、週3回の授業を行っていることである。「教養基礎Ⅰ」「教養基礎Ⅱ」「教養実践」はそれぞれ1コマ90分週3回15週の授業で、3単位を取得する。第二外国語の授業は週2回以下という大学が多いなかで、本学では週3回という高い頻度で集中的に学ぶことで、より着実に実力をつけることを目指している[2]。第二の特色は、チームティーチングである。授業は3名以上の教員の連携によるチームティーチング[3]により運営されている。大学生の認知能力を考慮し、言語のしくみを母語で効率的に学ぶことと、学習言語での実践練習という流れで、実践的なコミュニケーション能力を身につけるようになっている。また、いつでも学び始めることができるのが、第三の特色である。1年生前期から4年生後期まで、いつでも履修を始めることができるようにカリキュラムが組まれている。初習外国語科目を履修するためにはPractical English (PE) の単位を取得していることが前提となるが、スタートとなる科目「教養基礎Ⅰ」をはじめ、各科目は毎学期開講されており、PEの単位取得後すぐに新しいことばを学ぶことができるようになっている。時間割は表1のように設定されている。入学時にTOEFL-ITP 500点相当の点数を保有していればPEの受講を免除され、1年前期から初習外国語科目を履修することができるし、1年前期終了時にPEの単位を取得したならば、1年後期から学習を開始することが可能である。また、海外ボランティアや語学

研修に参加する直前に履修したいなどのニーズにも答えられるようになっている。

表1　初習外国語科目の時間割

1年目		2年目		3年目	
前期	後期	前期	後期	前期	後期
教養基礎Ⅰ	教養基礎Ⅱ	教養実践	中級		
	教養基礎Ⅰ	教養基礎Ⅱ	教養実践	中級	

原則として、上段が月・水・金の1限、下段が2限。

　このように、いつからでも学習をスタートできるというカリキュラム構成の結果として、クラスには1年生から4年生までの受講者が混在することになり、学年を超えた多様なつながりや学びのコミュニティが形成されることになる。

3.3 専門科目との関連

　ここでは初習外国語学習と専門科目との関連について述べたい。上述したように、「中級」クラスまで継続して履修する学生のなかには、大学の海外派遣プログラムに参加する者や、学んだ言語のスキルを専門領域の研究に活かそうとする者がいる。学習した言語を研究に役立てたい、またはその言語文化圏について専門科目でより深く学びたいという学生は、関連領域の専門科目やゼミで学びを進めていく。「中国文化論演習（ゼミ）」や「フランス文化論演習（ゼミ）」、「ドイツ文化論演習（ゼミ）」のように語種の教員が専門科目を担当している場合は、そのゼミにおいてレポートや卒業論文執筆のための文献・資料の調査と読解において、身につけた言語を活かした専門研究を進める。例えばフランス語を履修した学生の一例を挙げると、本学で初習外国語としてフランス語4科目を履修しつつ「フランス文化論演習（ゼミ）」に所属して3年生で本学の海外派遣プログラム提携校であるリヨン第3大学に交換留学。帰国後にフランス語の文献・資料をもとに卒業論文を執筆するというケースがある。語種担当の専任教員がいないスペイン語の場合でも、ラテンアメリカをフィールドとする教員のゼミに所属し、海外フィールドワークに参加して現地でスペイン語を使って調査するといったように、言語で専門科目を学び、言語を研究で使う機会が提供されている。各言語の最終段

階である「中級」はこのように、専門領域において研究を深化させるための橋渡しとなるように、専門領域との関連により重点をおいた科目として位置づけられている。学生には、複数の言語文化を学んだ経験から、複眼的な思考や、多様な言語文化に向けて開かれた感性と態度を、自らの研究や社会活動に役立ててほしい。

4. 海外派遣プログラム

また本学には、次のような海外派遣プログラム[4]が用意されている（英語圏及び英語のみで参加可能なプログラムを除く）。

<u>語学研修</u>
　　上海師範大学（中国）春季語学研修（期間：約 4 週間）
　　上海夏期語学研修（中国）特別プログラム（期間：約 4 週間）
　　トゥーレーヌ語学学院（フランス）夏季語学研修（期間：約 4 週間）
　　ナバラ大学（スペイン）夏季語学研修（期間：約 3 週間）
<u>交換留学</u>
　　上海師範大学（中国）（期間：1 学年または半期）
　　東海大学（台湾）（期間：1 学年）
　　仁川大学校（韓国）（期間：1 学年または半期）
　　高麗大学校世宗キャンパス（韓国）（期間：1 学年）
　　ウィーン大学（オーストリア）（期間：1 学年）
　　ゲーテ大学（ドイツ）（期間：1 学年）
　　リヨン第 3 大学（フランス）（期間：1 学年）
　　ナバラ大学（スペイン）（期間：1 学年）
　　サンティアゴ・デ・コンポステラ大学（スペイン）（期間：1 学年）
　　アメリカス・プエブラ大学（メキシコ）（期間：1 学年）
　※東海大学、高麗大学校、ゲーテ大学、ナバラ大学、アメリカス・プエブラ大学は英語でも参加可能

上記の海外派遣プログラムの他に、国際ボランティアや海外インターンシップ、海外フィールドワーク支援プログラム[5]などがある。

5. 初習外国語必修化：選択科目から選択必修科目へ

　国際総合科学部国際教養学系では、2017年度入学生より、初習外国語5語種のうち1つの言語の「教養基礎Ⅰ」及び「教養基礎Ⅱ」が選択必修科目となり、卒業要件となった。必修化に伴う初習外国語科目履修者数の変化をみると、2017年度前期はスペイン語科目履修希望者がこれまでと同様に最多で、中国語科目履修希望者がそれに続く形となった。スペイン語については「教養基礎Ⅰ」[6]の履修者を抽選により50名に絞り（2クラス開講しているので1クラスの受講者は25名となる）、中国語については50名に近い受講者（同様に、1クラス25名以下）での開講となった。例年、PEの単位取得後の1年後期から初習外国語科目を履修する学生が多いため、後期は前期以上に履修希望者が増えるのではないかと予想されたが、2017年度後期もやはり前期を上回る数の履修希望があり、スペイン語と中国語の履修希望者が上限を超えたため[7]、抽選により履修希望者数を調整した。2018年度も同様の傾向が続いており、必修化に伴う語種別履修者数の推移や諸々の影響については今後の状況を引き続きみていくこととしたい。

6. おわりに

　本学で必修としている英語に加えて、更に他の言語・文化を学ぶことの意義は何か。英語学習は既に世界のスタンダードである。それにプラスアルファの言語を学ぶことで、様々な言語や文化を背景に持つ人々が大多数であるという世界の現実を知り、自分自身が思っているよりも世界はもっともっと広いことに気づくだろう。実際に海外の語学研修や留学の場でそのような現実に出会う学生がいる一方で、自身の専門研究において英語以外の言語文化能力を活かす学生もいる。相手を知りたい、自分を伝えたいという気持ちを持った時に、英語だけでは捉えきれない世界の多様さを知ることに開かれていくだろう。

　新しい言語文化に触れるこのような機会には、個人の言語的・文化的リソースを有機的に役立てて学んでいくことが望まれる。1つの言語のみを切り離して捉えるのではなく、それまでに身につけた母語や他の言語を比較・参照しながら、またこれまでの学習経験を活かして、学んでほしい。21世紀を生きていく学生たちには積極的に新しいことばの学びにチャレンジし、複

数の言語文化の学習を通じて、異なる他者と共に生きる感性と態度を身につけてもらいたい。

　横浜市立大学の初習外国語教育の今後の課題としては、高いレベルの言語文化能力獲得を目指すだけでなく、多文化共生に向けて、他者に対して開かれた心と態度を涵養できるような科目内容を充実させることが挙げられる。これには、各語種がそれぞれに教科内容を検討するだけでなく、語種を超えた教員間の連携及び更なる協働体制が必要であろう。

注

1) 既存の4語種に加えて、スペイン語は2014年度に開講した。以前より学生アンケートでスペイン語科目開講の要望が多く、学生の学習ニーズに加え、専門教養科目及び専門研究においてスペイン語を必要とする複数の教員にインタビューを行い、本学におけるスペイン語科目の必要性を調査して開講に至った。
2) 週3回の授業とはいえ、外国語習得に必要な学習時間数からすると決定的に不足しており、授業外での自律的な学習や活動が不可欠であることは言うまでもない。
3) 原則として、1クラス（週3コマ）を3名で担当し、同一教材を使い統一的シラバスに基づいて教えるチームティーチングを採用している。
4) 詳細は、下記の本学サイトを参照のこと。
「YCUの留学プログラム」http://www.yokohama-cu.ac.jp/ytog/global/overseas_study/index.html
5) 横浜市立大学が、国際的な視野を持った人材を育成することを目的に、海外での実践的な教育活動を支援するために行っているプログラム。授業の一環として、海外での実践的な教育研究活動に参加しやすい環境整備を図ることを目的に、当該活動に係る経済的補助が行われる。2015年度には219名、2016年度には288名、2017年度には275名の学生がプログラムに参加した。初習外国語科目の授業の一環として実施された海外フィールドワークは、オーストリア（2012、14、16、17年度・計47名参加）、フランス（2013年度・8名参加）、ドイツ（2013年度・7名参加）がある。
6) 初習外国語の最初の科目である「教養基礎Ⅰ」は、できるだけ少人数での学習環境を維持するため、「教養基礎Ia」と「教養基礎Ib」の2クラス開講としている（韓国・朝鮮語を除く）。これにより、1クラス25名以下での学習環境を実現している。

7) 必修化以前はスペイン語履修希望者が最も多く、必修化以降はスペイン語と中国語に人気が集中する傾向にある。次いで、フランス語、韓国・朝鮮語、ドイツ語がほぼ同数で続く。学生の学習言語の選択は情報の有無に大きく左右されるため、履修登録に先立つガイダンスをより充実させるなどして、学生の語種選択の多様化を促すことが今後の課題の1つである。

第Ⅴ部

成果と今後の展望

第19章 Practical English プログラムの成果

Carl McGary・加藤 千博

1. はじめに

　本書では、2005年以降の横浜市立大学での「グローバル人材」育成の取り組み、とりわけ2007年に設置されたプラクティカル・イングリッシュセンター主導の英語教育について紹介してきた。英語を「学ぶ」場から「使う」場への転換をはかるべく、大学では様々な試みを実施してきたが、近年その成果がはっきりと目に見える形で表れてきた。

　「PEはスタートであり、ゴールではない！」と繰り返し述べているように、PEは学生の英語力の基礎を確立させるためのプログラムであり、到達点ではない。したがって、PE合格後の学生の動向によってPEプログラムへの評価は下されるべきである。しかしながら、PE合格率の低さが2006年に新聞や雑誌、あるいは市議会でも取り上げられて以来、学内外で常にこの合格率は注目されてきた。この合格率を度外視してPEのカリキュラムを運営することはできないことも事実である。

　そこで本章では、PEプログラム導入以来のPE合格率の変化を分析し[1]、PEプログラムの成果を測る一指標とする。さらにPE合格後に大きな成果を収めた学生を、「グローバル人材」として飛躍する者の一例として紹介する。

2. PE合格率

　学生は入学直後（4月）にPractical English（PE）に合格する最初のチャンスが訪れる。4月の第1週に行われるクラス分けテストTOEFL-ITPで500点以上を獲得した学生、もしくは新学期の授業が開始される前に、外部試験での合格基準のスコアを提出した学生は、単位認定を受けPEを受講する必要がなくなる。それ以降は、PEを受講する学生は、第Ⅱ部第2章で示した通り、合格要件（出席、試験、スコア）を満たすことによって、学期（セメスター）末ごとに合格するチャンスがやってくる。国際総合科学部では2年終了時ま

でに PE に合格することが 3 年生への進級要件となっているため、PE 合格率とは 2 年終了時点での「合格者÷在籍者数」であり、3 年生への進級率と一致する。しかしながら、合格率の上昇とともに、関心は入学時点や 1 年終了時点での PE 合格率へと移ってきている。ここでは、入学時、2 年終了時、1 年終了時、4 年間での順に、PE 合格率について分析を試みる。その上で、入学時のクラス分けテストである TOEFL-ITP の年度別の平均点の変遷と比較し、PE カリキュラムの質について考察を加える。

2.1 入学時合格率

　PE 合格を義務づけられたのは 2005 年度入学生からである。2005 年度は 7.2％の学生が入学時に単位認定を受けた。当時本学は入学希望者に対して PE の合格要件に関する説明を十分に行えていなかったため、「入学するまで PE について何も聞かされていなかった」、「もし知っていたらこの大学を選ばなかった」という憤りの声を PE 導入初年度の学生たちからはよく耳にした。

　大学のアドミッションズセンターは、導入 2 年目以降は PE プログラムに関する広報に多大な尽力をし、現在ではその周知も非常にうまくいっている。本学を選んだ主な理由の 1 つが PE プログラムであるというのは今や学生間では普通のこととなっている。図 1 からわかるように、入学時の合格率は 2005 年度の 7.2％から 2017 年度入学生における 25.2％にまで上昇した。

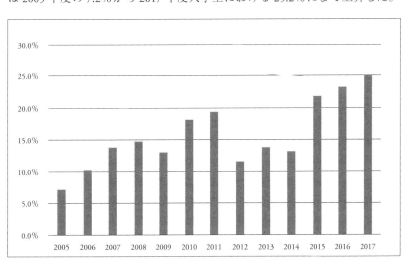

図 1　入学時 PE 合格率（入学年度生別）

この合格率の上昇にはいくつかの要因が考えられる。まずは、上述の通り、アドミッションズセンターの努力により、PEプログラムをはじめとする本学の語学教育ならびに留学制度などの国際プログラムが大学志願者に理解され、本学進学を選択する上での大きな要素となっている点である。

　2つ目には、入学前教育の実施である。早期合格者（AO・海外帰国生・国際バカロレア・科学オリンピック・留学生・社会人・指定校推薦・特別推薦）を対象に、12月に「TOEFL入門講座」を実施し、TOEFL-ITP試験の解説と学習方法、入学時までの準備学習、入学後の学習についてガイダンスを行っている。同時に入学時までの英語課題（グレーデッド・リーダーズを読んでレポートを提出）が課される。さらには大学生協と協力して、2か月ほどで終了する英語学習教材の紹介とこの教材を使用した講習会を開催している。2月にはオールイングリッシュによるアクティブな授業形態になじんでもらう目的で5日間の「スタートアップ講座」を実施している。かつては一般入試による入学者よりも早期合格者のPE合格率が明らかに低かったが、現在では差はほとんど見られず、合格決定から入学までの期間を英語学習にも有意義に利用していることが窺える。

　そして、最も大きく影響していると考えられるのが中等教育（中学・高校）での英語教育の質の向上であろう。中学・高校では、それまでの知識偏重の英語学習からコミュニケーションを重視した学習へと着実に変化してきている。運用力を測るTOEFLのような試験では、コミュニケーション能力の高い学習者が高得点を得やすい。そのように時代の要望に沿って教育方法を変化・向上させている中学・高校教員の努力のおかげで、本学は恩恵を被っている。

2.2　2年終了時合格率

　図2にあるように、2005年度入学者においてはわずか70.7％の学生のみが規定の2年以内にPEを合格した。この入学年度の学生に対してはPE合格を支援するようなカリキュラムを提供できていなかった（PEセンターは2007年に設置）という認識のもと、大学側は合格しなかった30％近くの学生のほとんどに3年生への仮進級を認め、PE要件を満たすための猶予期間として、学生には半年間（3年次の前期）が与えられた。かくして2年半で、2005年度入学者の80.6％が見事3年生になることができた[2]。

　2007年4月のPEセンター設立以降は、入学年度ごとの2年以内の合格率

第19章　Practical English プログラムの成果

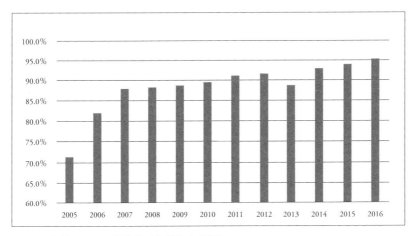

図2　2年終了時 PE 合格率（入学年度生別）

はおよそ90％を維持している。2016年度の入学者においては95.5％の合格率で過去最高となっている。

これらの結果は、前述したように高いモチベーションを持った質の高い学生が入学してくるようになったことに加えて、PEセンター設置に伴うカリキュラムの変更が影響したものと言える。図2に見られる2005年度生から、2006年度生、2007年度生までの合格率の大きな飛躍には疑いなくPEセンターの存在がある。2005年度生は全くPEセンターによる英語クラスを受講していないが、2006年度生は2年次からPEセンターによる授業を受講している。そして2007年度生からは入学当初からPEセンターの提供する英語授業を受けることができている。その結果が、これらの合格率の飛躍的な上昇として表れている。

PEセンター設置の2007年度以降は着実に合格率を上げてきたが、唯一2013年度生のみ前年度と比べて下がってしまった。この要因として考えられることは2点ある。1つは、入学試験制度の変更である。それまでの3教科3科目型の入試方式から3教科3科目型と5教科7科目型を併存する入試方式へと変更されたため、英語が苦手な学生でも合格しやすくなり、入学者全体の英語力が下がった可能性がある。それは入学時のクラス分け試験となるTOEFL-ITPの平均スコアにも表れている（後述図5参照）。考えられるもう1つの要因は、クラスサイズの拡大である。2013年度生が2年生の時

点の 2014 年に、PE 合格者対象の発展クラスである Advanced Practical English（APE）を増設した。その際、2 年生の PE クラスをいくつか削減して APE クラスを捻出した。そのため、2 年生の PE のクラスサイズが平均 20 名位であったものが 25 名位まで拡大してしまった。コミュニケーション重視の授業であるため、当然クラスサイズは小さいに越したことはない。あまりに人数が少ないとグループワークやクラスディスカッションが活発化しないので、PE にとっては 15 名位が最適である。クラスサイズの拡大に伴い、授業の質、教員によるケアの低下、及び学生のモチベーションの低下が生じた可能性があり、これも合格率の低下につながった可能性がある。翌年からはクラスサイズが 20 名以下になるように調整をした結果、合格率の回復を果たした。

2.3 １年終了時合格率

　PE の目的が、学生の実践的な英語力を、リベラルアーツを英語で学ぶために必要なレベルまで引き上げることであると明記されて以来、PE センターは様々な授業を担当する各分野の教授陣と協力して、PE の早期合格の重要性を訴えてきた。図 3 にあるように、2005 年度入学生ではわずか 21.3％が 1 年終了時に PE を合格しただけであった。2016 年度末（2016 年度入学者の 1 年終了時）の合格率は 76.0％であり、最初の 2005 年度生が PE センター不在の最初の 2 年間で 2 年終了時に到達した合格率（70.7％）よりもはるかに高い数値である。これがおそらく最も意義深い数値であり、PE センターの重要性及びコミュニケーション中心の教授法とアクティブ・ラーニングを重視する英語教育カリキュラムの重要性を示していると言える。

　1 年間での PE 合格者の増加に見られるように、PE 合格早期化の背景には、いくつかの要因が考えられる。1 つは、先にも触れた入学者全体の英語レベルの向上、2 つ目は、PE プログラムにおける教育の質の向上、そして、学習者のモチベーションの向上である。

　PE センター設立以降の 12 年間、教科書の選定からシラバスの内容、教授方法、教員間の連携等、授業の質を向上させるための様々な努力を行ってきた。教育に対する理念は全く変わっていないものの、教授方法に関しては、常に最善のものを求めて試行錯誤を繰り返している。学生の英語での発話回数・発話時間を比べただけでも 12 年前の教室の風景と今とでは大きく異なる。学生がアクティブに英語を使用する場面が圧倒的に今は多くなっている。このような授業の質の変化と PE 合格者の上昇は無関係とは言えないだろう。

第19章 Practical English プログラムの成果

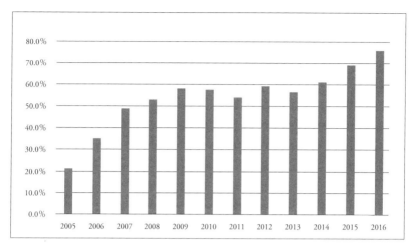

図3　1年終了時 PE 合格率（入学年度別）

　かつては3年生に進級するためだけに英語を学習する学生が多かったが、8割近くの学生が1年間でPEの単位を取得する今となっては、進級のためよりも、APEや初習外国語の履修をできる限り早く始めたいというモチベーションから、英語学習に打ち込む学生が増えている。第Ⅳ部第13章でも紹介したように、APEの受講者数は、2010年度前期の119名から、2018年度前期の330名まで着実に増加し、クラス数も増えている。より高いレベルの語学力を身につけたい、さらには専門科目の学習に英語を活かしたいという意欲から、英語を学習する学生が増えたことは、データからも読み取れる大きな成果の1つであろう。

2.4　4年間での合格率

　入学後の2年間でPEを合格していない学生は留年して2年生を繰り返さなければならない。このように留年する学生はPEの授業を受講し続け、毎学期合格するチャンスがあり、翌年度には3年生への進級が可能となる。2005年度入学者の4年間での合格率は93.4％であった。2007年のPEセンターの設置以来、4年間での合格率は常に96％以上を維持している（図4参照）。
　PEが合格できずに留年する学生の多くは他の科目も単位があまり取れておらず、学業成績全体が芳しくない傾向にある。留年者の1、2年次のPE受

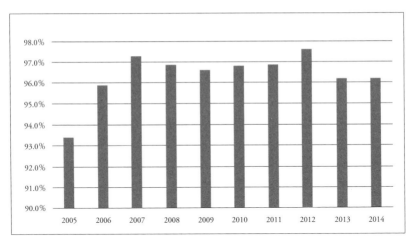

図4　4年間でのPE合格率（入学年度別）

講状況を見てみると、大多数の学生が出席不足となっており、1、2年次の4学期間でPEの授業をドロップアウト（途中離脱）した経験がある学生がほとんどである。そうすると、留年者を輩出してしまっているのは、PEカリキュラムの問題と言うよりも、個々の学生への学習・生活指導の問題であるとも言える。しかしながら、授業がもっと魅力あるものであり、受講者のモチベーションを高められる内容であれば、離脱者の数も減り、留年者の数も減ることになろう。

2.5 入学時クラス分け試験の平均点

図5は入学時に行われるクラス分け試験となるTOEFL-ITPの入学年度別の平均点である[3]。PEプログラムのスタートした2005年度は平均点が442.7点であったが、2017年度には469.6点となり、およそ27点の上昇となっている。PE合格率の上昇には、先にも示したように、入学時のスコアの上昇も大きな要因である。図1の入学時PE合格率の変遷と図5の入学時TOEFLスコア平均の変遷の数値間には0.9という強い正の相関係数が見られる。しかしながら、図2の2年終了時PE合格率と図5の入学時TOEFLスコア平均の間には0.7という中程度の相関係数しか見られない。0.2ポイントもの相関係数の差が示しているのは、入学時点の英語力の向上が、そのまま2年終了時のPE合格率の向上に繋がっているのではないということである。

第 19 章　Practical English プログラムの成果

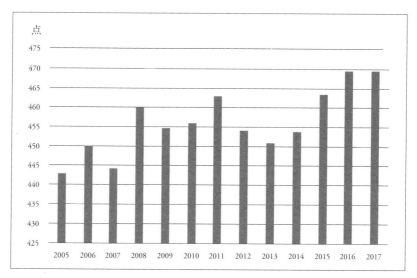

図5　入学時クラス分け試験（TOEFL-ITP）平均得点（入学年度別）

入学時点の英語力の向上も大きな要因の1つではあるが、それ以上にPEカリキュラムの向上による効果がこの合格率の上昇に表れていることをこれらのデータが示していることになる。図5にある2009年度生、2012年度生、2014年度生のTOEFLスコア平均はそれぞれ454.6点、454.2点、453.8点であり、その差はほとんどない。しかしながら、図2における2009年度生、2012年度生、2014年度生の2年終了時のPE合格率は、それぞれ89.0％、91.7％、92.9％と着実に向上している。これらのデータから、入学時点の英語力の向上以外の要素が、PE合格率の向上に影響を及ぼしていることが明らかであり、主な要因がPEカリキュラムの向上に起因すると考えるのが自然であろう。

3. PE 合格後の活躍

　PE 合格後は、第Ⅳ部で紹介したように、学生は APE や初習外国語、英語による専門科目を履修し更に語学力に磨きをかけ、「グローバル人材」へと一歩一歩進んでいく。以下では大学のリソースをうまく活用しながら、目覚ましい活躍をしている 2014 年度入学の 3 名の学生の事例を紹介する。

3.1 全国英語学生プレゼンテーションコンテスト

　全国英語学生プレゼンテーションコンテストは、「英語表現力、論理的思考力、プレゼンテーション能力の向上に取り組むことによる就業力の育成、ならびに学生間の親睦・交流を図る」ことを目的に神田外語グループと読売新聞社の主催で 2012 年から開催されている。これまで 6 回開催されたこの大会で本学学生が第 3 回大会（2014 年）と第 5 回大会（2016 年）に最優秀賞である文部科学大臣賞を受賞している。並み居る強豪校出身の学生を抑えて、英語科や外国語学科もない本学から 6 年間のうちに 2 回も最優秀賞受賞者を輩出するのは快挙と言える。ただこの両名とも何の努力もせずに受賞したわけではなく、その陰には多大な個人の努力とそれを支える強いモチベーションがあったことは言うまでもない。

　右の写真（図 6）の太田さんは、高校時代から質の高い実践的な英語教育を受け、高いコミュニケーション力を備えて入学してきた学生である。入学時の TOEFL-ITP テストでは入学者 927 名中 31 位という好成績を収め、PE の単位認定を受け、1 年次から APE、ドイツ語（初習外国語）、英語による専門科目を積極的に履修し、語学力と国際人としての教養とスキルを磨いていた。その上、英語力の維持と向上のために PE センターを頻繁に利用していた。コミュニケーション・アワーに参加をしたり、PE インストラクターのオフィスを頻繁に訪れて、何気ない会話から異文化に関わる込み入った話題まで、教員と議論をしたりしていた。これらのことがコンテストでの最優秀賞受賞につながったと言えよう。3 年次にはウィーン大学との交換留学生として、オーストリアで英語とドイツ語を用いて自分の専門領域に関わる科目を履修している。帰国後も Harvard Project for Asian and International Relations の学生国際会議に出席して優秀賞を受賞するなど活躍を続けている。

　右の写真（図 7）の佐藤さんは、太田さんと同学年で、入学時の TOEFL-ITP テストで同じく 31 位の好成績で PE の単位認定を受けている。彼もその

第 19 章　Practical English プログラムの成果

図6　第3回大会授賞式　太田杏奈（左）（大会 HP より）[4]

図7　第5回大会授賞式　佐藤圭（大会 HP より）[5]

後多大な努力をして更に語学力を磨いていった学生である。佐藤さんの場合は、創設されたばかりのライティング・センターをプレゼンテーションコンテストに向けて上手に利用している。ライティング・センターはいわゆる「ネイティブ・チェック」を行う場所ではなく、英語で思考する作業をサポートする場である。どう批判的に物事を捉え、それを英語で記述していくかのアドバイスを受ける場所である。英語の運用力だけでなく、思考のプロセスがしっかりしていることが、佐藤さんのコンテストでの受賞の要因の1つであると思われる。「グローバル人材」の定義は様々であるが、横浜市立大学の考える「グローバル人材」には、コミュニケーション力、語学力、異文化理解力、課題発見・解決力、批判的思考力が含まれる。佐藤さんは大学のリソースをうまく利用してこれらのスキルを着実に磨いていった。

3.2　国際人道法模擬裁判大会

　国際人道法模擬裁判大会は、「国際人道法を、机上の学問としてのみでなく、武力紛争の現場で実際に適用されるルールとして、より多くの学生に理解を深めてもらう」ことを目的として、赤十字国際委員会が主催する世界的な催しであり、英語で弁論が競われる。その 2016 年度の第7回大会日本予選で、本学学生が最優秀個人弁論賞を受賞した[6]。

　次頁の写真（図8）の浦山さんも、先の太田さん、佐藤さんと同学年（2014年度入学）である。浦山さんは、入学時の TOEFL-ITP テストの成績は 927名中 88 位で、先の2名ほど高得点ではないものの、PE の単位認定を受けるには十分なスコアであった。その後は、APE や英語による専門科目、さらには国際法ゼミを通じて語学力の向上に余念がなく、2年生後期から3年生前

図 8 　第 7 回大会国内予選授賞式
　　　　浦山太陽（左）（大会 HP より）⁷⁾

期にかけてカリフォルニア州立モントレー・ベイ校に留学をしている。帰国後に挑んだ国際人道法模擬裁判大会で見事最優秀個人弁論賞を受賞することになるが、彼もライティング・センターをうまく利用した 1 人である。弁論原稿を仕上げていくさなかに、センターの担当教員と原稿の内容について議論を繰り返し行っている。ライティングのプロセスでありながらも、ディスカッションを繰り返すことで、論理的に説明する力が養われていき、結果、単なる語学力だけではなく、表現力や説得力、論理的思考力といった高度なアカデミック・スキルを身につけたことが受賞の要因の 1 つと考えられる。

　紹介した 3 名以外にも活躍している学生はたくさんいる。しかし、真の活躍は、卒業後に実社会に出てから評価されるべきであろう。大学で磨いた実践的なスキルが国際社会で実践されることを願うばかりである。

4. おわりに

　以上本章では、横浜市立大学が 2005 年の法人化以降取り組んできた国際化の試み、特に英語教育における改革の成果を紹介してきた。成果を測る一指標として、PE 合格率を取り上げ、その合格率変遷の要因を分析した。さらには、PE 合格後の学生の活躍ぶりを紹介し、本学の教育カリキュラムの質的向上の成果を示した。

　PE プログラムの特長は、全員の英語力を一定のレベルまで引き上げていることである。2005 年以前にも在学中に高いレベルの英語力を獲得し、国際社会で活躍をしていく学生はいたが、それは一部の学生に限られていた。しかし、2005 年度以降は、全学生のレベルを一定以上まで引き上げて卒業

させることに成功している。つまり、学生の底上げに関しては、大きな成果を挙げている。よって、本学の卒業生には学士力の1つとして実践的な英語力が保証されている。本学の特長の1つに就職率の高さがあるが、企業からの高い評価の一因として、この保証された英語力があるのではないだろうか。『週刊東洋経済臨時増刊 本当に強い大学2017』において「就職率で分かる「本当に強い大学」ランキング」の外国語・国際・教養系の部門で本学の国際総合科学部が4位にランクされているように、社会からの評価は近年高くなり、大学としてのプレゼンス（存在感・価値）が高まっている。

注

1) 第Ⅱ部第2章に示した通り、医学科と看護学科はPE合格要件が異なり、合格率は常にほとんど100％であるため、ここでは国際総合科学部（国際教養・国際都市・経営・理学系の4学系から成る）のデータのみを使用する。
2) 3年次は入学後3年目の学生のことを指し、3年生は入学後何年目かには関わらず3年生に進級している学生のことを指す。よってPEを合格できないと、3年次・4年次も2年生を繰り返すことになる。
3) ここでも国際総合科学部の入学者データのみを示すが、医学部を含めると平均点は各年度5点ほど上昇する。
4) 全国学生英語プレゼンテーションコンテスト「第3回大会レポート」https://www.kandagaigo.ac.jp/contest/report/2014/
5) 全国学生英語プレゼンテーションコンテスト「第5回大会レポート」https://www.kandagaigo.ac.jp/contest/report/2016/
6) 2017年度の第8回大会日本予選においても本学学生が最優秀個人弁論賞を獲得している。
7) 赤十字国際委員会「第7回国際人道法模擬裁判国内予選」http://jp.icrc.org/event/mootcourt2016-result/

第20章 課題と展望

Carl McGary・加藤 千博

1. はじめに

　PE 履修者の合格率のデータが示しているように、PE センターは横浜市立大学の英語教育の向上において大きな成功を収めてきた。特に、前章で示したように、学生の底上げという点では、疑いのない成果をもたらしている。しかしその一方で、天井効果による、英語レベルの歩留まりも指摘されている。前章で紹介したような、更なる上を目指して成長し続ける学生もいるが、PE 合格後は成長のペースが急にスローダウンし、そのまま卒業を迎えてしまう学生が多いのも事実である。PE プログラム自体は充実し洗練されたものとなってきたが、それを引き継ぐ APE プログラムはまだまだ始まったばかりの未成熟なプログラムに過ぎない。PE 合格基準の TOEFL-ITP 500 点レベルは、実際には英語運用力のレベルとしては依然未熟なレベルであり、国際社会で通用するレベルには到底至らない。

　PE の目的は、学生の実践的な英語力を、リベラルアーツを英語で学ぶために必要なレベルまで引き上げることであるとこれまで幾度も紹介してきたが、このレベルの英語力を客観的な基準で示すと、実際には TOEFL-ITP 550 点（TOEFL-iBT 79 点）レベルに相当するであろう。よって、大学の掲げるミッション「グローバルな視野を持って活躍できる人材の育成」を実現するには、APE プログラムの到達目標である TOEFL-ITP 550 点（TOEFL-iBT 79 点）を全学生が達成する必要がある。よって、APE プログラムの改善が目下の課題であることは間違いない。しかしながら、改善すべき点は他にもまだたくさんある。例えば、学生の評価に際してのスピーキング・テストの使用、ライティング・センターの拡充、反転授業の実施などである。さらには学生のモチベーションを喚起するためのカリキュラム改善も不可欠である。本章では、これらの課題にどう取り組んで横浜市立大学の将来像を構築していくかを述べていく。

2. APE の拡充

　PE 合格率の上昇とともに、APE クラスの需要も増している。APE プログラムの向上については、何よりも数の問題があり、クラス数の増加が不可欠である。APE に新たな予算がつけば簡単な話であるが、そういう訳にもいかないのが現実である。そこで、新たな予算をかけずに APE のクラス数を増やすには、PE のクラス数を減らすことが 1 つの方法である。特に 2 年生の PE クラスを削減すれば、代わりに APE クラスを増設することが可能となる。

　一案として、1 年次の夏季と春季休業期間中に集中講義を行うことがある。2 年次の前期と後期の PE 授業を 1 年次の夏季と春季の集中講座と置き換えることで、1 年間で現在の 2 年間分の授業を提供することが可能となる。集中講座に参加するかどうかは学生の判断に任せることにしても、こうすることで、1 年次の合格率を現在の 2 年次までの合格率と同じ割合まで引き上げることができ、2 年生対象の PE クラスをこれ以上提供する必要がなくなることが期待できる。仮に大学が国際総合科学部の進級要件を現行の 2 年終了時までから 1 年終了時までに引き下げたとすれば、予算の削減となり、その分を APE クラス増設に充当することができ、多くの APE クラスの新設が実現する。学生にとっても、早い段階で PE を終了し、APE や他の英語による専門科目を早く履修することで、海外留学や海外インターンなどの活動への準備を十分に行うことが可能となるだろう。

　大学には専門領域ごとにいくつもの学系が存在するが、それぞれの学系が独自の APE クラスの創設を要望している。現在、PE センターは医学科生優先の APE クラスを設置し、医学科生に優先的に履修できるようにしているが、それは、医学科では APE が必修化され全員が履修をしなければならないからである。APE クラスを増設するための予算が得られれば、それぞれの学系の要望に応じた APE カリキュラムの開発を PE センターは行うことができる。CLIL や ESP（English for Specific Purposes）（専門領域の英語）の教授法を利用した APE クラスを学生の専門領域ごとに創設することができれば、学生にとってはモチベーションの大きな変化となる。

　PE センター設置以降の 10 年間は、PE のカリキュラム向上に努め、大学は大きな成果を挙げてきた。PE プログラムがその目的をほとんど達成している今、次の取り組みは APE の拡充であり、全ての学生を TOEFL 550 点レベルまで引き上げ、英語による授業や留学に支障がないようにすることであ

る。これが実は本来の PE プログラム設置の目的であったはずである。そう考えると、PE プログラムはまだまだ道半ばと言え、次の 10 年は APE の本格的な改革に専念することになろう。

3. PE カリキュラムの変更

3.1 スピーキング・テスト

　PE を受講する学生に実施されている現行のスピーキング・テストは IELTS の形式に基づいているが、IELTS のように一人一人の学生に学期末ごとにこのテストを実施するのは非常に時間を費やすことになる。また、現在は各学期の最終週の授業内でスピーキング・テストを実施するため、各教員が自分の教えている学生にテストを行い、評価を与えている。しかし、教員が自分の学生を評価する際に、完全に客観的であるのはほとんど不可能である。そこで、スピーキング・テストに関して、次の 2 点の変更を検討中である。1 つは、時間を短縮するために、個々の学生ではなく、ペアかグループの学生を評価するようにする。もう 1 つは、客観性を高めるために教員に自分のクラスではなく他のクラスの学生を評価させるようにすることである。

　このように試験実施の効率化と評価の客観性が担保できれば、TOEFL-ITP と同レベルか、それ以上の比重を持つ期末テストとすることができる。現行のスピーキング・テストは評価の一部に組み込まれてはいるものの、合否を判定する基準とはなっていない。しかし、スピーキング力の向上を重視するならば、合否判定の基準となるような試験にすることが望ましい。そうなれば、TOEFL-ITP と合わせて、スピーキング、リーディング、リスニングの 3 技能を期末テストで計測し合否の基準とすることができ、授業もより活発化することが期待できる。コミュニケーション重視を謳う大学の方針により一層沿うことができるようになろう。

3.2 反転授業

　日本の主要大学とは異なり、横浜市立大学には現在、全学的に使用可能な LMS（学習管理システム）が存在しない。この恥ずべき状況は近いうちに是正されることを期待したい。LMS が使用可能になると、反転授業の利用を拡充させることができるようになる。受動的な学習はオンライン教材にして、インターネットで事前に学習をさせることにより、授業内の時間を学生

のアクティブな英語使用に充てることができるようになる。LMS ではさらに、e ラーニング教材を作成し、新入生に入学前の時期に学習させることも可能となる。

　第Ⅱ部第 7 章でも紹介したように、現在は一部のクラスで試行的にこの反転授業を実施し、教員と学生からのフィードバックとともに、学習効果を分析中である。授業内容に対する学生からの反応はおおむね良好であるが、課題は、導入するクラスのレベルをどう見極めるのかという点と、教材の開発、及び教員の負担である。新たな授業形態を導入するには教員研修が不可欠であるが、非常勤講師も含めて全教員が新しい方法に順応するには時間と労力が必要である。統一シラバス・統一教科書という方針は、PE カリュキュラムの質を担保する上で重要な理念の 1 つであることは、第Ⅱ部第 2 章で述べた通りである。全ての PE クラスでどの教員もが反転授業を導入できるよう、ミーティングや教員研修を通じて準備していく必要がある。

3.3　受動的スキル（文法力・読解力）低下への懸念と対応

　コミュニケーション力の育成に主眼を置き、発信型スキルの向上を目的として開始された PE プログラムであるが、皮肉にも、発信型スキルの向上に伴い、受信型スキルの低下への懸念が生じつつある。本学の場合は、中学・高校においてしっかりとした受信型スキルの学習を行った上で入学してくる学生がほとんどであるが、中学・高校の英語学習が発信型スキルの養成へとシフトしていくにつれ、受信型スキルの能力の低い学生が増えてくることが予想される。すると今度は大学でまた、かつてのように受信型スキルの養成をはからなければならなくなるのであろうか。少なくとも本学ではそうはならないであろう。

　現在は授業内アクティビティのかなりの部分をスピーキング活動が占めているが、文法や読解の活動もしっかりと行っている。仮に将来の入学者の文法力や読解力が下がったとしても、授業方法はリスニング、リーディング、グラマー（文法）の 3 つのクラスセクションでコミュニケーション活動を中心として行うことに変わりはない。文法に関して言えば、現状は大学で新たに文法規則を覚えるというよりも、高校までの既習内容を使いこなす練習が多い。それが今後は、使いながらも新たな文法項目を学んでいくスタイルに変わっていく可能性がある。

　新入生の英語基礎力は毎年入学後の 2 週目に計測をしている。「読んでわ

かる語彙（R）」、「聞いてわかる語彙（L）」、「基礎文法（G）」を計測する「RLGテスト」[1]と呼ばれる簡易式のテストを4月の初回もしくは2回目のPEとAPEのクラスで1年生を対象に実施している。入学時のTOEFL-ITPとこのRLGテストの両方によって、年度ごとの英語力を計測し、経年変化を確認している。TOEFL-ITPを英語の運用力を測る手段として、RLGテストを基礎力を測る手段としてそれぞれ使用している。両テストは0.6〜0.8の中程度の相関係数を例年示し、安定した平均値を示している。この2つのテストを毎年ほぼ同時期に実施することにより、それぞれのテストから得られるデータの妥当性を検証し、入学者の英語力の変化を把握することができる。得られたデータからは、それに対応した学習内容を選択することが可能となる。例えば、Rテストでは、クラスごとの平均獲得語彙数を確認することができるため、リーディング教材の適正さや指導方法の判断基準となり、Gテストからは、定着の不確かな文法項目を教員側が確認できるので、クラスごとにどの文法項目を優先的に指導するかの判断基準となる。

このように、本学では既に、将来的に予想される受動的スキルの低下にも対応できるカリキュラムとなっており、コミュニケーション力に主眼を置いた英語学習を行う中学生・高校生の受け皿となることができよう。

3.4 内発的動機づけ（モチベーション）

PEを受講する学生とAPEを受講する学生のモチベーションとTOEFLスコア向上率の関係性には逆転現象が起きている。モチベーションに関しては、PEよりもAPEの受講者の方が総じて高いと言えるが、TOEFLスコア向上率に関しては、APEよりもPE受講者の方が断然高くなっている。これにはPEが必修科目でありTOEFLスコアが進級要件であるのに対して、APEは選択必修科目であり、TOEFLスコアは成績の一部に関わるものの、進級要件には関わりがないことに起因する。APE受講者は自らの意志で受講を希望し、学習意欲は高いものの、スコアのプレッシャーからは解放され、実情はPEの学生ほど学習に打ち込んではいない。一方、PE受講者には選択の余地はなく、スコアというプレッシャーのため、一生懸命学習をするが、モチベーションがネガティブなものへと変わっていくケースが少なくない。つまり、PEは強力なムチのおかげで成果を出しているだけであり、一方APEはムチがないため成果が出ていないと解釈できる。

PE受講者の多くは、テストのスコアや進級要件という外発的動機づけ

（extrinsic motivation）によって学習を行っており、自身の達成感や成長感といった内発的動機づけ（intrinsic motivation）から学習を行ってはいない。これは APE 受講者の多くにも当てはまる。APE においては、留学のために TOEFL や IELTS スコアを獲得することや、就職のために TOEIC スコアを獲得することが履修の主目的となっている学生が圧倒的に多いが、これも外発的動機づけにすぎない。英語力を向上させて何をしたいのか、自分をどのように成長させたいのかという視点に欠けており、内発的動機づけを持ち合わせているとは言い難い。これは本学の学生に限ったことではなく、受験が英語学習において大きな比重を占める日本の大学生にとって共通の課題である。

言語習得においては、学習者のモチベーション（動機づけ）をいかに喚起させるかが、カリキュラムや教授法とともに重要であることは、多くの研究者が指摘するところである。なかでも Ushioda（2008）は、真の教育目的は学習者自身のモチベーションを外からではなく「自分自身から（from within the self）」生み出させることであると主張し、伝統的なアメとムチによる外発的動機づけは短期的な利点しか生み出さないと指摘する（p.22）。この指摘は、横浜市立大学の PE 及び APE のプログラムに生涯教育の視点が抜け落ちていることに符合する。文科省が学習指導要領にも取り入れた CEFR（ヨーロッパ言語共通参照枠）（2001）の理念に「言語学習は生涯にわたるもの」（p.5）という記述がある通り、言語習得は人生の一時期に集中的に行うものではなく、生涯を通じて継続的に行うべきものである。吸収力の高い若い年代に集中的に学習することは非常に効果があるが、大学 1 年生や 2 年生の時点で英語学習がストップしてしまったら、その学生の将来にとっては意味が薄れてしまう。この点を大学がしっかりと認識して、卒業後の学習も見据えた在学期間中の 4 年間にわたる英語学習カリキュラムを提供しなければならない。学生の学士力を保証するとともに、学生の将来に対しても保証をすることが大学の責務と言えよう。

PE 及び APE のプログラムは、行動志向の言語観に基づき、コミュニカティブな指導法を取り入れている点では CEFR の理念に近いと言えるが、英語学習の長期的目標や内発的動機づけの点では、旧来の日本式英語教育を脱し切れていない。この部分の理念を改善していくためのヒントとなるのが Ushioda（2009）の "Person-in-Context" の理論かもしれない。第二言語学習や外国語学習の最終的な目的は、目先の学習成果ではなく人間的成長であると

し、学習者を深い自己省察、批判的自己認識、言語意識（言語への気づき）を呼び起こすことができる個人として捉えている（p.215）。教室内での画一的な場面設定による言語活動も必要ではあるが、真に必要な活動は、学習者一人一人を唯一無二な存在と認識し、学習者の自我を育んでいく活動である。金岡（2015）は「自分とは何か」、「自分とは誰か」、「自分はどうあるべきか」を英語で表現していく活動が、ツールとしての英語学習ではなく、自己形成、自己成長の一部としての英語学習に繋がると提案している。横浜市立大学では、教室を英語を「学ぶ」場から「使う」場へとシフトさせることに成功した。次のパラダイムシフトは、英語を単なる「コミュニケーション」の手段から「人間形成」の手段へとシフトさせることとなろう。

4. PE センター業務の拡充

4.1 ライティング・センター

　2016 年 9 月に設置されたライティング・センターはできて 2 年あまりであるが、評判も良く利用率が高い。近いうちに 1 人のシニア・インストラクターだけで業務の全てを行うのは不可能となりそうである。現在のライティング担当シニア・インストラクターの指揮のもとで一緒に働く、別のインストラクターを更に雇用することによって、学生にとって貴重なこのリソースを拡張できればと期待している。さらには、英語が上級レベルの学生をティーチング・アシスタントとしてライティング・センターで雇用することも検討中である。

　国際教養学系では 2016 年度より、卒業論文作成において英語による要旨作成を義務化した。そこで学生は自身の書いた英文を校正するためにライティング・センターを利用しようとするが、180 名の学生が同時期に殺到してはセンターも対応しきれない。そこで、国際教養学系と連携して、アカデミック・ライティングの養成に主眼を置いた APE III のクラスを増設し、この授業で要旨作成の方法も指導することにしている。もし国際教養学系の学生全員が APE III を履修することになれば、卒論要旨だけでなく、学系の学問分野に即したライティング課題やライティング技法をカリキュラムに組み込むことも可能である。学系を問わないオープンな受講者を想定したクラスと並行して学系の学生に特化したクラスを創設することで、より専門分野に関連した英語スキルを磨くことができよう[2]。

PEにはスピーキング・テストが導入され、到達度を測る指針として利用されているが、ライティング・テストの導入には至っていない。PEカリキュラムでの導入は必要ないにしても、APEレベルにおいては独自のライティング・テストを開発し、発信力を計測する指針とするとともに、ライティング力の向上に対する学生のモチベーションを喚起し、受動的スキルに偏らないバランスの取れた英語力を獲得することをPE・APEプログラムの目標としていく必要がある。実用的レベルでのスピーキングとライティングができてこそ、真のPractical Englishと言えるようになろう。

4.2 教員雇用

　横浜市立大学の現在の英語教育を根幹から支えているのは、PEセンターに所属するPEインストラクターたちである。2018年12月現在、15名の常勤PEインストラクターと10名の非常勤講師でPEとAPEの全授業を担当している。国際総合科学部のある金沢八景キャンパスにおける2017年度のPEとAPEの開講コマ数は314コマで、そのうち81.5％にあたる256コマを常勤PEインストラクターが担当している[3]。つまり、本学では全英語授業における常勤教員と非常勤教員の割合がおよそ8対2となっており、これは一般的な他大学での英語授業の現状とは大きく異なっている。英語クラスの大半を外部の教員に頼らざるを得ない他大学の状況とは異なり、本学では8割以上の授業を専任の教員に任せていることは大きな特徴である。しかもPEインストラクターは全員TESOL（英語教授法）の修士号以上を有する、いわば英語教育の専門家であり、PEセンターには他分野の教員は含まれていない。ゆえにセンター長を筆頭とする教育カリキュラムに関する意思疎通、協働体制がしっかりと整っている。これがPE・APEプログラムの教育の質を保証する上で最も重要な仕組みとなっている。質の高い教員がいるからこそ質の高い英語教育が可能となっている。

　しかしながら、このように質の高い英語教員を雇用し続けることは容易ではない。本学の常勤PEインストラクターは、正確には非正規雇用の教員であり、他の教員のような身分の保証はない[4]。ゆえに、よりよい雇用条件を求めて他大学へ流出するケースは少なくない。グローバル化への対応に追われる大学はどこも英語教育の充実をはかり、質の高い教員を求めている。特任講師、常勤講師などの3年契約、5年契約といった非正規雇用の形態での雇用が日本の大学英語教育界全体で非常に多く存在し、流動的な英語教員

のマーケットが出来上がっている。資金力のある大学へと英語教員が集まるのは当然の市場原理であるが、3年や5年ごとに教員が入れ替わってしまっては、どんな優れた英語プログラムを開発しても持続することは難しい。ある程度の新陳代謝は必要かもしれないが、長く関わりプログラムを育て、後輩教員にノウハウを伝えていく教員が必要なのは言うまでもない。良い英語プログラムは良い教員とともに成長していく。このような理解のもと、長期的なヴィジョンに基づいた雇用制度の確立が急務であり、この雇用制度なくして大学での将来的な英語教育の発展は見込めない。果たして横浜市立大学は、この雇用問題にメスを入れ、更なる大学の国際化を推し進めることができるのであろうか。国際都市横浜に位置する国際教養大学を標榜する大学としての見識が近いうちに問われることになろう。

5. 入学試験：新制度への対応

　2020年度から大学入試センター試験に代わり「大学入学共通テスト」が実施され、英語科目は4技能を測る試験への移行が検討されている。同時に国公立大学が大学独自で行う2次試験の英語科目もスピーキングとライティングを含んだ発信型のスキルを測定する試験を作成することが期待されている。しかしながら、各大学が独自にそのような試験を開発し、採点までを行うことは容易ではない。

　そんな中でも、本学では現行の試験問題に代わる、新たな形式での出題を既に検討済みである。これまでは、PEセンターは入学試験問題の作成には直接関わってはこなかった。もしスピーキングとライティングにも焦点をおいた出題が必要となれば、現行のPEカリキュラムにおけるスピーキング・テストとライティング・センターの持つノウハウを駆使して問題の作成は可能である。TOEFLやTOEICなどの外部試験に頼らずとも、高校の学習範囲内でスピーキングとライティングの出題をPEセンターでは行うことができる。課題は、採点をどのように公正かつ迅速に行うかであるが、15名いるPEインストラクター全員が関われば、不可能なことではない。PEインストラクターの雇用問題が解決すれば、入試業務の担当にも問題は生じない。これまで英語科目の出題を担当してきた教員と協力をして、従来の正確な読解力を問うような問題形式に、口頭と記述による発信力を問う新たな問題形式を加えることで、理解力と実践力を測定する、国際化の時代に相応しい入試

問題への転換が可能となる。

6. おわりに

　Practical English のプログラムは 2005 年の大学法人化と学部再編による国際総合科学部の創設とともに始まった。国際化の時代にふさわしい英語教育を実践することが大学全体の使命ともなり、2007 年 4 月には PE センターが設置され英語教育カリキュラムを統括、運営するようになった。そして 2019 年には新たな学部再編が実施され、国際教養学部、国際商学部、理学部、データサイエンス学部、医学部の 5 学部体制となることが予定されている。新たな体制になっても PE が全学的に必修科目で進級要件であることに変わりはなく、引き続き PE が各学部生の英語力の基礎を支え続けることになる。しかしながら、PE 取得後の APE や更にその先の英語教育に関しては、学部の独自性が表れてくることになり、PE センターがどのように各学部と協力して、学生の継続的な学習に寄与できるかが課題となる。8 割近くの学生が 1 年終了時で PE の単位を取得する今となっては、全ての学生が 3 年終了時（遅くとも卒業時）までに TOEFL-ITP 550 点に到達することは不可能ではない。「グローバルな視野を持って活躍できる人材」を輩出するためには、どの学部も APE の到達目標である TOEFL-ITP 550 点（TOEFL-iBT 79 点）相当を PE 終了後最初の到達目標とし、その上で各学部の学問に即した英語力の養成をはかっていく必要があろう。

　今後も更に国際化が進み、留学、海外研修、国際ボランティアなど、ますます海外へ行く機会が学生には訪れてくるはずである。在学中の海外渡航を後押しすることが大学にも求められるが、海外に行かなくても十分に学べる環境を提供することが、国際教養大学としての横浜市立大学の特徴となることを期待したい。当たり前のことを当たり前に行うことができなかったのがこれまでの日本の英語教育である。当たり前のことを少しずつではあるが、できるように取り組んでいるのが横浜市立大学である。本書で紹介した本学の取り組みが英語教育に関わる方々に少しでも参考になればと願っている。

注

1) RLG テストの信頼性・妥当性に関しては加藤他（2011）を、授業での活用実践に関しては加藤他（2015）を参照。RLG テストにはいくつかの版があるが、そのうちの 1 つを以下の URL から無料で受験することができる。http://www.rlgtest.com/rlg/
2) 2019 年度の新学部設置に合わせて、国際教養学部生対象の APE Ⅲ（Academic Writing）を新設する予定である。
3) 医学部のある福浦キャンパスでは、看護学科 2、3 年生対象の PE と医学科 2 年生以上対象の APE が開講されているが、全て常勤の PE インストラクターが担当している。
4) PE インストラクターの雇用形態は 1 年任期で 2 回の自動更新が認められているので、実質 3 年ごとの契約となっている。現在は任期満了後も再応募が可能であるが、新労基法が効力を発揮する 2023 年以降は、無期転換申込権が発生するため、再応募が可能かどうかの判断がまだ大学当局から下されていない。

参考文献

Council of Europe.（2001）. *Common European Framework of Reference for Languages: Learning, Teachong, Assesment*. Cambridge: Cambridge University Press.

金岡正夫（2015）「英語学習動機づけアンケート項目の内容共通性と課題点——自己成熟、言語成熟、自律学習を目指す大学 EFL 学習文脈からの批判的分析と考察」鹿児島大学（unpublished article）

加藤千博、田島祐規子、村上嘉代子、前川浩子（2011）「「RLG テスト」の信頼性と妥当性の研究及び形成的利用法に関する研究」『中部地区英語教育学会紀要』40, 127-134.

加藤千博、田島祐規子、村上嘉代子、前川浩子（2015）「「RLG テスト」の形成的利用法——語彙レベルから判断する教材適性」『中部地区英語教育学会紀要』44, 49-56.

Ushioda, Ema.（2008）. Motivation and good lanugage learners. In C. Griffiths（Ed.）, *Lessons from Good Language Learners*. Cambridge: Cambridge University Press. 19-34.

Ushioda, Ema（2009）. A person-in-context relational view of emergent motivation, self and identity. In Z. Dörnyei & E. Ushioda（Eds.）, *Motivation, Language Identity and the L2 Self*. Bristol: Multilingual Matters. 215-228.

〜〜〜学生・卒業生の声[1] 〜〜〜

ライティング・センターを活用し
最優秀弁論者へ

浦山 太陽

　本学は学生に対して様々な語学関連のサポートを提供している。PEセンターや充実した留学プログラムに加えて、世界各国からの留学生をキャンパスで見かけることが多くなった。留学生への歓送迎会なども企画され、私が学部1年生の頃と比べて参加者も非常に増えたと実感している。その中でも私が大変お世話になったサポートの1つにライティング・センターがある。

　私は国際法ゼミに所属し、2016年12月3日に開催された国際人道法模擬裁判大会に参加した。この大会では英語での裁判官との答弁と大会前に提出した書面によって総合的な優劣が判断される。評価の対象として法律の知識はもちろん英語表現等も含まれていた。そのため私は書面や自らの弁論原稿をより良いものにしようとPEセンターを訪れた。そこで紹介されたのが当時新設されたライティング・センターだった。ライティング・センターは予約を行うことで本学の学生ならば誰でも利用することができる。私はすぐに予約を行い、次の日にライティング・センターを訪ねた。そして私は一対一の対話を通して担当の先生と私の持ち込んだ弁論原稿の推敲に取り組んだ。先生は誤った解釈を誘発するかもしれない語彙や英語表現に的確なアドバイスをくれた。加えて私が強調したいライティング・センターの特徴は、対話ベースで行われ納得のいくまで先生と議論を交わすことができる点である。先生は丁寧に文章を精読し、私にその文章の意図を尋ねてくれた。それに対して私が自分の言葉で詳細に自分の主張を説明すると、自分の考えや意図が読み手に同じように解釈されるためにはどのような表現が適切であるかアドバイスをくださった。このような対話を繰り返し行うことで、私は自分の主張を明確に相手に伝えることができるようになったと感じた。

　このように私は積極的にライティング・センターを活用することで語彙力や英語でのコミュニケーション能力を向上させ、最優秀弁論者に選出された。

（国際総合科学部4年 国際法ゼミ所属）

私の学びを支える APE とドイツ語

足沢 優佳

　私は現在、オーストリアの首都ウィーンにてウィーン大学交換留学生として生活しています。横浜市立大学では、入学時に単位認定によって Practical English（PE）の単位を取得することができ、英語学習としては1年生前期に Advanced Practical English（APE）Ⅰを、2年生後期に APE Ⅱを履修しました。加えて、初習外国語学習として1年生前期から2年生後期にかけてドイツ語を履修しました。本稿では、APE やドイツ語学習が現在にどのように活きているのかについて述べたいと思います。

　APE では、要点を掴める聞き方や資料の読み方、英語を用いたレポートやエッセイ、プレゼンテーションの決まり事など、英語自体を磨くだけでなく、英語「で」学習することの基礎を多く学ぶことができました。これらのおかげで英語を用いての講義の理解速度が上がったことはもちろんですが、「英語」を「ドイツ語」に置き換えることで、横浜市立大学でのドイツ語の授業やウィーン大学でのドイツ語による講義も理解しやすくなりました。今回の留学はドイツ語を学習していたからこそ実現したものではありますが、APE での学びは外国語「で」学習をすることの根底にあるのだと留学をしながら実感しています。

　ドイツ語学習は、かけがえのない仲間や新しい言語を習得できていく喜び、そして何より留学という素晴らしい経験を私に与えてくれています。横浜市立大学で学習していた期間も含め、ドイツ語を学んでいなければ出会うことのなかった多くの人々から常に刺激をもらっています。私のドイツ語は日々一進一退を繰り返していますが、上達を実感することができた際に感じる喜びは特別なものであり、また、上達するにつれて現地の人々の考え方や文化を少しずつ理解できるようになっています。この理解は、文化や社会の変化に伴う人々の考え方の変化を追うことを目的にする私の卒業論文の執筆にあたり必要不可欠なものです。

　言語それ自体を学ぶだけに思われることも多い外国語学習ですが、このように、その過程で得たものは様々な側面から現在の私の学びを支えてくれています。

（国際総合科学部 3 年 コミュケーション論ゼミ所属）

フランス語とともにあった4年間

酒井 希望

　私は大学1年生からフランス語を学び始め、2年生で入ったフランス文化論ゼミでフランスの家族制度について研究しました。

　「フランス語が話せたらかっこよさそう」という理由で始めたフランス語でしたが、その発音や文化に惹かれていき、1年生の冬にフランス語科目とフランス文化論ゼミ合同の海外フィールドワークに参加して1週間パリに滞在しました。パリ第7大学の日本語学科の学生と交流する機会があり、それぞれ関心のあるテーマについて討論することができました。

　2年生の冬には、母の勧めでトゥールという街に短期語学留学をしました。ホームステイをしながら3週間語学学校に通い「もっと長期でフランスに留学したい」という思いが強くなっていきました。ちょうど帰国後にリヨン第3大学との交換留学協定が締結され、今度はDELF B1[2]（リヨン第3大学交換留学への推奨レベル）を目指して勉強の日々が始まりました。具体的には大学のLLテープライブラリー[3]にあるDELFの問題集やリスニング教材を片っ端から解き、単語帳で基礎的な語彙力を上げ、ネイティブの先生にお願いしてスピーキングテストで過去に出題されたテーマについて自分なりに話す練習をしました。

　無事に学内選考を通過し、B1レベルも取得して3年生の夏にリヨンに渡りました。主にフランス文化や日仏翻訳の講義を受け、テニスやピラティスの授業にも参加して少しずつ友人が増えていきました。先生の紹介でグランゼコールの学生や現地の子どもたちに日本語を教えるボランティアをしたり、友人と互いの言語を教えあったり、休日は一緒に遊びに行ったりと大変ながらも楽しい日々でした。

　4年生の春に帰国し、無事目標にしていたDELF B2レベルを取得することができました。フィールドワークや留学中にたくさんのフランス人と話していく中で、フランスには様々なカップルのあり方があることに関心をもち、PACS（フランスの事実婚制度）をテーマに卒業論文を執筆しました。留学中にフランス語文献を読んだり、フランス統計局のデータを読み込んだりした経験は卒論執筆に活かすことができました。

（国際総合科学部2017年3月卒業 フランス文化論ゼミ所属）

大学での英語学習と教員への道

船橋 美紗子

　現在私は高校の英語教員として日々 40 人の生徒の前で授業をしていますが、大学入学時は英会話もできず TOEFL のスコアが高いわけでもなく、センター試験の英語で 8 割を取るのがやっとでした。ただ、音楽や本が好きで、英語でそれらを楽しめたら素敵だなという想いはありました。横浜市立大学でどのように英語を学習し、現在の職業に結びついているのか振り返ってみます。

　入学後 1 年間は PE の学習のために、LL テープライブラリー[3]や学術情報センターの教材を活用しながら勉強しました。点数が伸び悩む中で、様々な勉強法を試した経験は、現在生徒と関わる中で役立っていると実感します。

　英語の教員免許取得を目指していたこともあり、PE の単位を取得してからも、APE や European Culture in English、イギリス文化論ゼミ等、英語を使う授業を意識して履修していました。とはいえ、周囲には英会話が得意な人も多く、英会話に自信のない私は肩身の狭い思いで授業に参加していました。また、イギリスのバース大学に語学研修へ行った時は、海外にいるにも関わらず思ったように英語が話せず悔しい思いをたくさんしました。

　一方で、卒業後の進路には英語教員を真剣に考え始めていました。現在の英語の授業は、生徒が英語に触れる機会を増やすためにオールイングリッシュが推奨されていることを知り、このままの自分の英語力や経験では英語教員になるのは難しいと考えました。また、自身の経験に基づく授業がしたいという思いから、オーストラリア留学を決意しました。

　オーストラリアでは、elementary school（小学校）と secondary college（中学・高校）で日本語教師アシスタントとしてホームステイをしながら、日本語の授業に参加していました。語学面だけでなく人間的にも大きく成長できた期間でした。横浜市立大学は、休学留学する学生も多く、その間の授業料がかからないという点で休学ということについて前向きに考えることができました。

　復学してからの 1 年間は、教員志望学生研修プログラム[4]に参加し、PE の授業にアシスタントとして参加しました。4 年前の自分と同じように授業を受ける学生を支援する中で、学生一人ひとりと関わることができたのはと

ても貴重な経験でした。
　卒業して英語教員になれたものの、毎日失敗の連続でうまくいかないことも多いです。それでも、大学時代の英語学習を通じて得た経験を糧に、やりがいを感じながら働くことができています。今後も英語教員として少しずつ成長していきたいと思います。
　　　　　　　　　（国際総合科学部 2017 年 3 月卒業 現代教育論ゼミ所属）

English Learning Experiences at YCU

杉山 健太郎

　横浜市立大学の Practical English（PE）制度の良さとして、学生一人ひとりの目的に応じた英語学習が可能なところがあげられる。私は入学直後の TOEFL-ITP で早々に PE の単位認定を受け、より「実践的な英語能力」を身につけることを目指した。その条件に見合った授業というのが Advanced Practical English（APE）であり、これらの授業がその後の大学生活に大きく影響した。

　私は Speaking 能力を重視した APE Ⅱ、Writing 能力を重視した APE Ⅲ、IELTS のテストにおいて4技能全てを向上させることを重視した APE Ⅴを履修した。どの授業も少人数制で、かつ自分と同じ志を持った学生と同じ空間の中で勉学に努めることができた。APE Ⅱでは少人数授業の利点を活かして短期間で複数回プレゼンを行う機会があった。また履修者全員が英語を積極的に話したいという志を持っていた。そして APE Ⅲでは PE センターを利用した Writing 能力の向上を図った。この授業で身についた技術は後に体験した英国ブリッジプログラム[5]や海外調査実習 B（国連実習）、また英語で書いた卒業論文でも大いに役に立った。最後に、留学を意識し出した頃に IELTS のスコアを取得するための授業があるということを知り、履修したのが APE Ⅴであった。IELTS で取得したスコアで留学プログラムに応募することができた。

　大学2年次には国際政治学ゼミに所属した。そこは少人数体制を活かしたディスカッションであったり、プレゼンテーションであったりと、個性を伸ばすことができる環境であった。また海外調査実習 B（国連実習）では国連で活躍する職員にインタビューをし、その内容を英語でまとめ論文として書き上げた。そして、翌年大学のブリッジプログラムを利用した海外留学に参加した。単位互換が帰国後に可能であったのと、大学スタッフの方々の手厚い援助があったおかげで余計な心労なくプログラムを成し遂げることができた。

　就職する際、私は大学4年間を通して得た英語力と少人数教育の良さを活かしたいという観点から現在の中高一貫校に勤めるに至った。ここでも大学

で履修した授業の内容が活きており、大学2年次に履修した英語科教育法で学んだ「人に教える立場」としての生きた英語を自身の授業に取り入れ、展開することができている。

　このように、横浜市立大学で修得できる英語力は卒業した後も自身の武器・財産となり、社会の中でも発揮できるものになると胸を張って言うことができる。

（国際総合科学部 2016 年 3 月卒業 国際政治学ゼミ所属）

注
1) 原稿の内容と学年は 2017 年 10 月時点のものである。
2) DELF / DALFはフランス国民教育省が認定した公式フランス語資格で、ヨーロッパ言語共通参照枠（CECRL）が定めた 6 段階のレベルに対応したディプロム（資格）がある。
3) LLテープライブラリーとは、視聴覚教材を利用しながら語学学習を自習するための施設。
4) 教員志望学生研修プログラムに関しては第Ⅲ部第 10 章を参照のこと。
5) 前半期を海外での大学授業受講に必要な英語力養成にあて、後半期を大学授業の受講・単位取得にあてる 1 年間の留学プログラム。

あとがき

　TOEFLなどのいわゆる英語検定試験のスコアは学習成果を表す指標の1つであって、あるスコアを取得することが勉強の目的でもなければ、まして競争試験として利用されるようなものではありません。横浜市立大学でも数値目標を掲げてはいますが、同時に「PEはスタートであり、ゴールではない」を合言葉に、英語を学び、英語を使い、英語で研究や仕事をこなせる人材を育てる努力を続けています。カリキュラムは、学生の学力、専門教育を行う各学部のニーズ、変化する社会情勢を考慮しつつ改良を重ねています。横浜市立大学の取り組みが英語教育に携わる方、英語の勉強方法を模索している方のお役に立てれば幸いです。

　本書の執筆は、ひたすら走り続けてきた横浜市立大学の英語教育を立ち止まって見つめ直し、俯瞰する機会となりました。私たちの行ってきた教育の成果を確認するとともに、更なる進化のための跳躍の機会ともなりました。本書脱稿後も新たな挑戦が続いています。

　横浜市立大学の英語教育は多くの方のご協力によって成り立っています。履修した学生、指導してくださった先生方、運営に携わってくださった職員の方々、ご協力ありがとうございました。そして、プラクティカル・イングリッシュセンターの立ち上げにご尽力くださり、本学の英語教育に惜しみない助言と叱咤激励をくださっている岡田公夫学長補佐（元横浜市立大学副学長）に感謝申し上げます。先生のあふれ出るアイディアと実行力がプラクティカル・イングリッシュセンター長をはじめとするスタッフの支えとなっています。本書編纂の機会を設けていただいたことにも感謝申し上げます。

　本書の出版にあたっては、横浜市立大学ならびに横浜学術教育振興財団から助成金を頂戴しましたこと、厚く御礼申し上げます。

　編集を担当してくださった春風社の横山奈央さんには丁寧に原稿を読んでいただき、適切な助言をいただきました。ありがとうございました。

2018年12月

編者一同

執筆者一覧

平松尚子	横浜市立大学 国際総合科学部 准教授
五十嵐陽子	横浜市立大学 PE シニア・インストラクター
加藤千博	横浜市立大学 国際総合科学部 准教授、PE センター長補佐
小出文則	横浜市教育委員会 指導主事
McGary, Carl	横浜市立大学 国際総合科学部 教授、PE センター長
長島ゆずこ	横浜市立大学 PE インストラクター
落合亮太	横浜市立大学 医学部看護学科 准教授
大橋弘顕	横浜市立大学 PE インストラクター
佐藤響子	横浜市立大学 国際総合科学部 教授、共通教養長
嶋内佐絵	首都大学東京 国際センター 准教授、横浜市立大学 非常勤講師
Terrill, Brennen L.	横浜市立大学 PE シニア・インストラクター
土屋慶子	横浜市立大学 国際総合科学部 准教授

大学英語教育の質的転換
「学ぶ」場から「使う」場へ

		2019 年 1 月 31 日　初版発行
編者	佐藤響子 さとう きょうこ Carl McGary カール・マクガリー 加藤千博 かとう ちひろ	

発行者	三浦衛
発行所	春風社　*Shumpusha Publishing Co.,Ltd.* 横浜市西区紅葉ヶ丘 53　横浜市教育会館 3 階 〈電話〉045-261-3168　〈FAX〉045-261-3169 〈振替〉00200-1-37524 http://www.shumpu.com　✉ info@shumpu.com

装丁	長田年伸
印刷・製本	シナノ書籍印刷株式会社

乱丁・落丁本は送料小社負担でお取り替えいたします。
©Kyoko Satoh, Carl McGary, Chihiro Kato. All Rights Reserved.Printed in Japan.
ISBN 978-4-86110-618-7 C0037 ¥2300E